工业强基

IGBT一条龙

主编　朱宏任　陈玉涛
编著　中国企业联合会
全国工业和信息化科技成果转化联盟

電子工業出版社
Publishing House of Electronics Industry
北京 · BEIJING

内 容 简 介

工业强基工程是中国制造强国发展战略的重要基础工程之一，是中国发展权的重要体现形式，也是建设社会主义强国的重要工程。工业强基工程围绕“四基”——核心基础零部件（元器件）、关键基础材料、先进基础工艺和产业技术基础，在多个领域、多个产业方向展开工作。IGBT 是新时代半导体器件中发展快、市场容量大的器件，IGBT 的研发生产水平一定程度上代表了国家电子技术领域的科技实力和制造水平，对工业、交通、电网等均具有深远影响。IGBT 是工业强基工程中实施重点产品、工艺“一条龙”应用计划之一。本书是 IGBT 方面的技术专著，它通过对 IGBT 上游原材料与生产工艺、中游生产设备、下游领域应用的介绍及各产业链环节中典型企业的分析，清晰呈现 IGBT 产业链全貌，推进产业链协作。全书共分为六章，包括 IGBT 概述、IGBT 产业分析、IGBT 供需分析、IGBT 上游原材料企业、IGBT 中游设备生产企业与 IGBT 重点生产企业。

本书供企业、关注工业强基和 IGBT 产业的人士参考，有助于扩大 IGBT 产业影响力。

图书在版编目（CIP）数据

工业强基 IGBT 一条龙 / 朱宏任，陈玉涛主编；中国企业联合会，全国工业和信息化科技成果转化联盟编著. —北京：电子工业出版社，2018.7

ISBN 978-7-121-34167-0

Ⅰ. ①工… Ⅱ. ①朱… ②陈… ③中… ④全… Ⅲ.①绝缘栅场效应晶体管－产业化发展－研究 Ⅳ.①F407.63

中国版本图书馆 CIP 数据核字（2018）第 088468 号

策划编辑：祁玉芹
责任编辑：祁玉芹
印　　刷：中国电影出版社印刷厂
装　　订：中国电影出版社印刷厂
出版发行：电子工业出版社
　　　　　北京市海淀区万寿路 173 信箱　邮编　100036
开　　本：710×1000　1/16　印张：15.5　字数：213 千字
版　　次：2018 年 7 月第 1 版
印　　次：2023 年 3 月第 3 次印刷
定　　价：99.80 元

凡所购买电子工业出版社图书有缺损问题，请向购买书店调换。若书店售缺，请与本社发行部联系，联系及邮购电话：（010）88254888，88258888。

质量投诉请发邮件至 zlts@phei.com.cn，盗版侵权举报请发邮件至 dbqq@phei.com.cn。

本书咨询联系方式：qiyuqin@phei.com.cn。

编 委 会

主　编：朱宏任　陈玉涛

副主编：胡晓丽　杨秀丽

编　委：（排名不分先后）

李桂芳　李　红　刘晓彤

马小纲　田立东　张　健

张　焕　甄敏娜　高　媛

于广昌

序言一

在中国制造强国发展战略体系中，工业强基工程是重要基础工程之一，是核心任务。核心基础零部件（元器件）、关键基础材料、先进基础工艺和产业技术基础直接决定着产品的性能和质量，是工业整体水平和国家核心竞争力的根本体现，是制造强国建设的重要基础和支撑条件。提高工业基础能力是一个系统工程，要充分发挥政、产、学、研、用各方的积极性和主动性，各司其职、分工合作、协同推进。工业和信息化部、国家发展和改革委员会、科学技术部、财政部 2016 年发布的《工业强基工程实施指南（2016－2020年）》全面部署了实施工业强基工程的要求、目标和任务，并明确了“一揽子”重点突破行动和“一条龙”应用计划等重点工作。“一条龙”应用计划是以应用为牵引，选择若干零部件（元器件）产品，集中开展相关产品的专用材料研发、先进工艺开发、试验检测平台建设、应用示范和推广，形成链式解决方案。“一条龙”应用计划的推进目的是建立上下游互融共生、分工协作、利益共享的一体化组织新模式，推进产业链协作。

为贯彻落实《工业强基工程实施指南（2016－2020 年）》，2017 年，工业和信息化部开展了包括 IGBT 器件在内的四个“一条龙”应用示范工作。IGBT 是一种能够广泛应用于新能源汽车、智能电网和轨道交通等领域的关键电子元器件，推动 IGBT 产业的发展意义重大。

中国企联承接了 IGBT 器件“一条龙”的组织协调工作。从 IGBT 产业高峰论坛作为 2017 年企业家活动日暨中国企业家年会系列活动之一在株洲召开，到2018年5月组织召开工业强基IGBT器件“一条龙”江铃现场会，通过搭建以应用为牵引的“一条龙”平台，以市场为主导，以政府为指引，以企业为主体，切实帮助上下游企业建立更加紧密的沟通机制，推动产业链之间协作。工业和信息化部等有关部委、行业院士专家、制造企业负责人、IGBT广大从业者对产业未来发展展现出的决心与信心，付诸的努力与艰辛，取得的成绩与面临的机遇，都表明了IGBT产业既是一个发展迅速、前景光明的产业，又是一个充满挑战的高技术产业，更是一个需要协力推进、共促重大突破的重要产业。

中国企业联合会、中国企业家协会是政府与企业、企业家之间的桥梁，是一个优秀企业集聚的平台，近年来在促进企业创新、开展两化融合、实施智能制造、推进工业强基等方面开展了大量工作。未来，我们还将按照党中央、国务院部署，聚焦落实中国制造强国发展战略规划，充分发挥桥梁纽带作用，总结推广成功经验，搭建政、产、学、研、用合作交流平台，为将我国早日建成制造强国贡献力量、为共同的事业而努力奋斗。

朱宏任

2018年6月1日于北京

序言二

制造业是国民经济的主体，是立国之本、兴国之器、强国之基，要彻底解决我国制造业“大而不强”的问题，工业基础是保障。多年来我们致力于科技成果评价和转化工作，在与企业的沟通中、在与行业上下游的对接中，我们深切地体会到，充分发挥政、产、学、研、用各方的积极性和主动性，各尽所长、各司其职、分工合作、协同推进的重要性和必要性。然而，如何建立上下游互融共生、分工协作、利益共享的一体化组织新模式，如何推进产业链协作，一直是我们在实际工作中不断探索和实践的命题。

以应用为牵引的“一条龙”工作思路，是建立全价值、全要素、全生命周期的创新链、人才链、政策链、资金链和供应链的统筹体系。“一条龙”工作的推进，可从以下几个方面着手：一、梳理产业链，以应用单位为龙头，搭建起产业链上下游之间交流的常态化机制。以产业链的梳理为基础，对产业链上下游各关键环节的需求和供给进行剖析，明晰各个环节的现状与发展趋势，建立数据库，构建上下游精准对接平台。二、组建投资基金，充分发挥民间投资的作用，引导社会资本关注实体经济、投向基础领域；牵头成立产业基金，引导多元化的市场资金投入。三、主动积极参与国际合作，推进开放创新，引导企业在更高的层次上、在全球化架构下开展深度创新。用开放的视野，促进产业链融合，推动企业对全球创新资源的整合，融入全球知识生产链体系，与国际同行开展实质性研发与创新合作。

习近平总书记在中国科学院第十九次院士大会、中国工程院第十四次院士大会上的讲话指出，“企业是创新的主体，是推动创新创造的生力军”。要加快创新成果转化应用，彻底打通关卡，破解实现技术突破、产品制造、市场模式、产业发展“一条龙”转化的瓶颈。

IGBT 器件是工业强基“十六条龙”之一，是我们推动产业发展的一个切入点。“一条龙”工作思路可复制、拓展到更多其他领域，充分发挥市场的主导作用，以企业为主体，通过分链施策，有序推进，引导各类资源要素向产业链集聚，聚焦重点领域及其关键环节持续发力，不断增强各产业链核心竞争力，进而带动产业集群式发展，提升我国制造业发展水平。

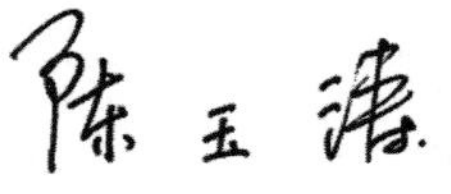

2018 年 5 月 31 日于北京

目 录

contents

第一章 IGBT 概述 1

第一节 IGBT 定义 2

第二节 IGBT 分类 4

一、按照电压等级划分 4

二、按照有无缓冲区划分 5

三、按照芯片技术划分 5

四、按照栅结构划分 7

五、按照封装划分 8

第三节 IGBT 技术现状及未来发展趋势 10

一、功率半导体器件技术特点 10

二、IGBT 技术发展历史 13

三、IGBT 技术现状 18

四、IGBT 技术发展趋势 22

第四节 IGBT 国内外发展状况与进程 23

一、IGBT 国际发展现状 23

二、IGBT 国内发展现状......25

第二章　IGBT 产业分析......27

第一节　IGBT 产业链......28

一、上游原材料......29

二、中游生产设备......63

三、下游应用领域......79

第二节　产业政策环境......96

一、主体与职责......96

二、国家发展规划及行业政策......97

三、行业标准......102

第三节　中国 IGBT 发展历程......107

一、IGBT 发展阶段......107

二、IGBT 发展趋势......109

第四节　IGBT 产业链格局......111

一、上游原材料......111

二、中游生产设备......120

三、IGBT 生产......130

第三章　IGBT 供需分析......133

第一节　IGBT 供应分析......134

一、总体规模及增长......134

二、供应市场的格局分布......135

三、主要销售模式......137
第二节 IGBT 需求分析......137
一、总体需求规模及增长......137
二、重点需求行业......138
三、不同行业的需求特点......139
第三节 IGBT 进出口情况......140
第四节 未来供需预测......141
一、行业发展影响因素......141
二、未来预测......142

第四章 IGBT 上游原材料企业......145

第一节 多晶硅企业......146
一、江苏中能硅业科技发展有限公司......146
二、新特能源股份有限公司......147
三、四川永祥股份有限公司......148
第二节 单晶硅企业......150
一、隆基绿能科技股份有限公司......150
二、晶龙实业集团有限公司......151
第三节 电子气体企业......152
一、江苏南大光电材料股份有限公司......152
二、浙江巨化股份有限公司......153
三、广东华特气体股份有限公司......155
第四节 光掩膜版企业......156

一、无锡华润微电子有限公司掩模工厂 156
二、深圳清溢光电股份有限公司 157
第五节　光刻胶企业 159
一、北京科华微电子材料有限公司 159
二、苏州瑞红电子化学品有限公司 161
三、上海飞凯光电材料股份有限公司 162
第六节　CMP 材料企业 164
一、安集微电子（上海）有限公司 164
二、湖北鼎龙控股股份有限公司 165
第七节　溅射靶材企业 166
一、宁波江丰电子材料股份有限公司 166
二、福建阿石创新材料股份有限公司 168
第八节　封装材料企业 170
一、合肥圣达电子科技实业有限公司 170
二、苏州晶鼎鑫光电科技有限公司 172
三、宁波康强电子股份有限公司 173
四、深圳市兴森快捷电路科技股份有限公司 175
五、宏昌电子材料股份有限公司 176

第五章　IGBT 中游设备生产企业 179

第一节　单晶硅加工设备生产企业 180
第二节　晶圆制造设备生产企业 182
一、北方华创科技集团股份有限公司 182

二、沈阳芯源微电子设备有限公司 184
三、上海凯世通半导体股份有限公司 186
四、上海微电子装备（集团）股份有限公司..............................188
五、上海新阳半导体材料股份有限公司 189
六、天津华海清科机电科技有限公司 191
第三节　封装测试设备生产企业 192
一、江苏长电科技股份有限公司 192
二、杭州长川科技股份有限公司 193

第六章　IGBT 重点生产企业 197

第一节　IDM 企业 198
一、株洲中车时代电气股份有限公司 199
二、深圳比亚迪微电子有限公司 201
三、杭州士兰微电子股份有限公司 202
四、吉林华微电子股份有限公司 205
五、天津中环半导体股份有限公司 206
六、华润微电子（重庆）有限公司 209
第二节　模块企业..211
一、西安中车永电电气有限公司 212
二、西安爱帕克电力电子有限公司 215
三、江苏宏微科技股份有限公司 215
四、南京银茂微电子制造有限公司 217
五、嘉兴斯达半导体有限公司 219

第三节 设计企业......219
一、江苏中科君芯科技有限公司......220
二、西安芯派电子科技有限公司......222
三、无锡紫光微电子有限公司......222
四、宁波达新半导体有限公司......224
五、科达半导体有限公司......225
第四节 制造企业......227
一、中芯国际集成电路制造（上海）有限公司......228
二、华润上华科技有限公司......228
三、深圳方正微电子有限公司......229
四、上海先进半导体制造股份有限公司......230
五、上海华虹宏力半导体制造有限公司......232

后记......234

第一章　IGBT 概述

第一节　IGBT定义

第二节　IGBT分类

第三节　IGBT技术现状及未来发展趋势

第四节　IGBT国内外发展状况与进程

第一节 IGBT 定义

绝缘栅双极型晶体管（Insulated Gate Bipolar Transistor，IGBT）是一种双极型晶体管（Bipolar Transistor，BJT）和金属氧化物半导体场效应晶体管（MOSFET）复合的新型功率器件。IGBT 集 BJT 器件通态压降小、载流密度大、耐压高和 MOSFET 器件驱动功率小、开关速度快、输入阻抗高、热稳定性好的优点于一身。三种器件性能比较见表 1。

表 1 三种器件性能比较

特 性	BJT	MOSFET	IGBT
驱动方式	电流	电压	电压
驱动电路	复杂	简单	简单
输入阻抗	低	高	高
驱动功率	高	低	低
开关速度	慢	快	居中
工作频率	低	高	居中
饱和压降	低	高	低

资料来源：公开信息，联盟整理

起初，不同公司对“IGBT”这种器件的称谓不尽相同，如 GE 公司称之为 IGR、RCA 公司称之为 COMFET、Motorola 公司称之为 FEMFET、Siemens 公司称之为 IGBT。由于 Siemens 公司的 IGBT 发展迅猛，其生产的 IGBT 器件性能优良，在国际市场上占有很高的市场份额，所以后来人们认同并接受了 Siemens 公司的“IGBT”这一称谓。

1982 年，GE 公司和 RCA 公司首先宣布，IGBT 是三十多年来发展最快的功率半导体器件之一。不同功率半导体器件应用领域有所不同，在中大功率领域（电压 1200～6500V），IGBT 是市场上的主流产品，其电压范围为 600～6500V，电流范围为 1～3600A（140mm×190mm 模块）；而在超大功率领域（电压 3300V 以上、容量 1～45MW），晶闸管和集成门极换流晶闸管（IGCT）等均具有巨大的市场；在中小功率领域（电压 900V 以下），功率 MOSFET 器件是应用最广泛的电力电子器件，也是目前市场容量最大、需求增长最快的器件。功率半导体器件分类如图 1 所示。

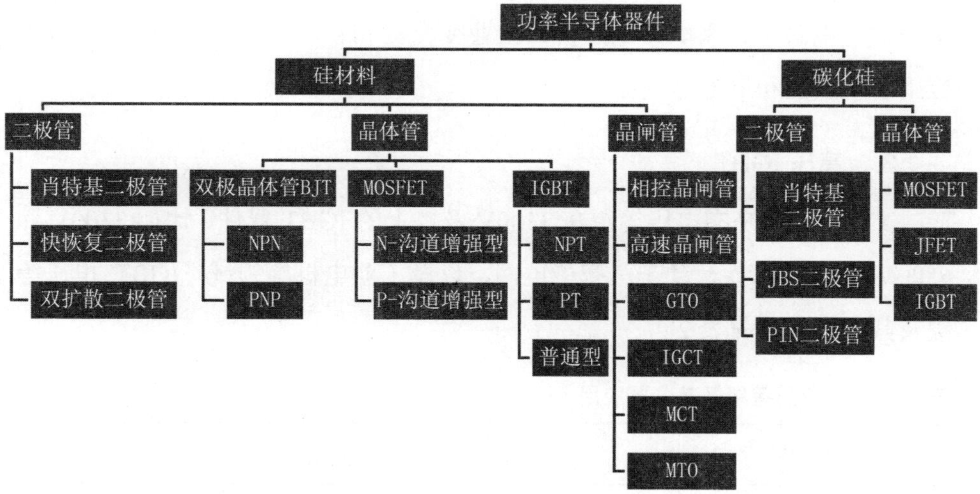

图 1　功率半导体器件分类

资料来源：公开信息，联盟整理

第二节 IGBT 分类

一、按照电压等级划分

1. 低压 IGBT

低压 IGBT 是指电压等级在 1000V 以内的 IGBT 器件，比如 650V 应用于新能源汽车、家电和工业变频等领域。

2. 中压 IGBT

中压 IGBT 是指电压等级不超过 1700V 的 IGBT 器件，比如 1200V 应用于光伏、电磁炉、家电、电焊机、工业变频器和新能源汽车等领域，1700V 应用于太阳能和风电等领域。

3. 高压 IGBT

高压 IGBT 是指电压等级在 3300V 及以上的 IGBT 器件，比如 3300V 和 6500V 应用于高铁、动车、智能电网，以及工业电机等领域。IGBT 电压等级及其主要应用见表 2。

表 2 IGBT 电压等级及其主要应用

电 压	主要应用
650V	新能源汽车、家电、工业变频
1200V	光伏、电磁炉、家电、电焊机、工业变频、新能源汽车
1700V	太阳能、风电
3300V	高铁、动车、智能电网
6500V	高铁、动车、智能电网、工业电机

资料来源：公开信息，联盟整理

二、按照有无缓冲区划分

1. 非对称型 IGBT

有缓冲区 N^+，穿通型 IGBT。由于 N^+区存在，反向阻断能力弱，但正向压降低，关断时间短，关断时尾部电流小。

2. 对称型 IGBT

无缓冲区 N^+，非穿通型 IGBT。具有正、反向阻断能力，其他特性较非对称型 IGBT 差。

三、按照芯片技术划分

1. 穿通型（PT）

PT IGBT 是最早商业生产的 IGBT。PT IGBT 以高掺杂的 P^+发射极为衬底，之上是 N^+缓冲区，然后以 N^-基区为外延，最后通过扩散和注入工艺构造发射极和栅极。由于 P 区和 N^-之间电位相差较大，当 IGBT 阻断正向电压时，P 区只有很小区域内电场变强。而电场几乎毫无衰减地穿透 N^-基区，直到高掺杂的 N^+区。当外加电压足够高时，它可以穿通整个 N^-基区，因而称为“穿通”型。但是电场无法延伸到 P^+发射极，因此并不是实际意义的穿透。PT IGBT 内部层结构及电场分布如图 2 所示。

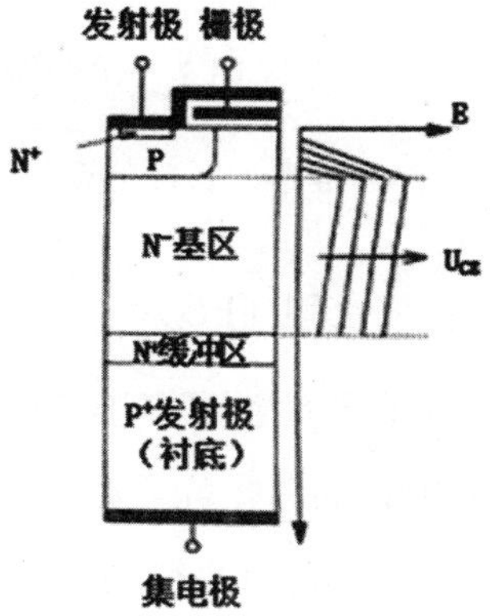

图 2 PT IGBT 内部层结构及电场分布

资料来源：公开信息，联盟整理

2. 非穿通型（NPT）

与 PT IGBT 不同，NPT IGBT 以低掺杂的 N^-基区作为衬底，是生产流程的起始点，这样 P 掺杂发射极就可以设计得很薄。现在用于 1200V IGBT 器件的芯片厚度在 120～200μm 之间，且不再需要 PT IGBT 的 N 型缓冲区，这样在阻断状态，电场只在 N^-基区存在，其电场强度沿着集电极方向线性降低。因电场不再“穿通”N^-型衬底，所以被称为非穿通型 IGBT。NPT IGBT 内部分层结构和电场分布如图 3 所示。

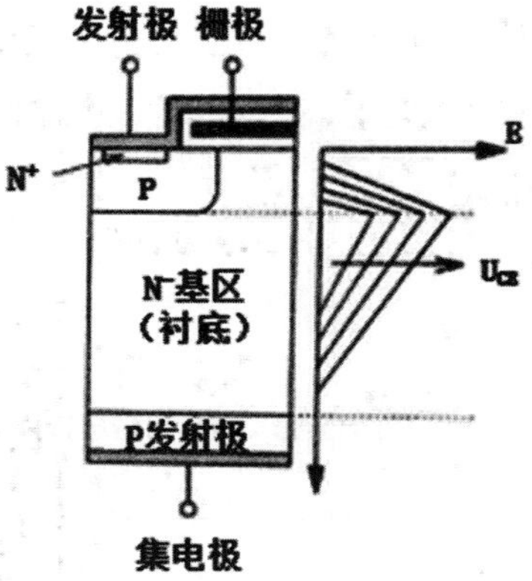

图 3　NPT IGBT 内部分层结构和电场分布

资料来源：公开信息，联盟整理

3. 场终止型（FS）

FS IGBT 是在 NPT IGBT 基础上开发的 IGBT，其设计目的是为了尽可能地降低 IGBT 的总损耗。由于增加了电场终止区，所以 N^-基区就不像 NPT IGBT 那样厚，可以稍微薄一些。在反向阻断时，如果电压较高，电场渗入到 N^-基区后线性降低，电场终止区可以截止剩余的电场，这种情况下，形成了类似 PT IGBT 内的锯齿形电场分布。FS IGBT 内部分层结构及电场分布如图 4 所示。

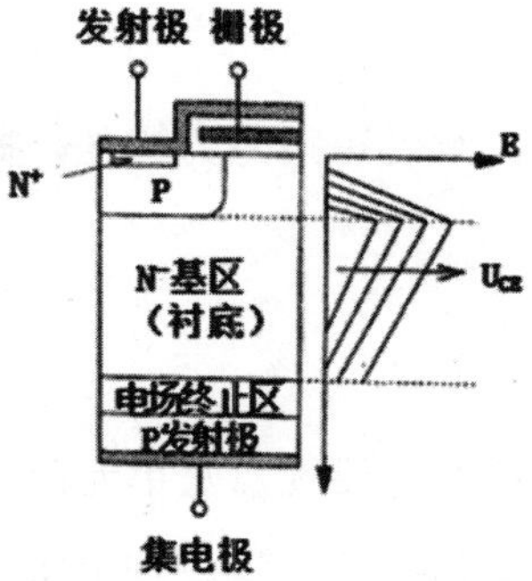

图 4　FS IGBT 内部分层结构及电场分布

资料来源：公开信息，联盟整理

四、按照栅结构划分

1. 平面栅（planar）

在 IGBT 使用过程中，可通过控制电压的大小，从而实现对 IGBT 导通、关断、阻断状态的控制。

当平面栅 IGBT 栅-射极电压 $U_{GE}\leq 0$ 时，MOSFET 内沟道消失，IGBT 呈关断状态。当集-射极电压 $U_{CE}<0$ 时，J_3 的 PN 结处于反偏，IGBT 呈反向阻断状态。当集-射极电压 $U_{CE}>0$ 时，分两种情况：若栅-射极电压 $U_{GE}<U_{th}$，沟道不能形成，IGBT 呈正向阻断状态；若栅-射极电压 $U_{GE}>U_{th}$，栅极沟道形成，IGBT 呈导通状态（正常工作），此时，空穴从 P^+区注入到 N 基区进行电导调制，减少 N 基区电阻 R_N 的值，使 IGBT 通态压降降低。平面栅 IGBT 的结构如图 5 所示。（注：栅极-发射极电压简称“栅-射”极电压，集电极-发射极电压简称为“集-射”

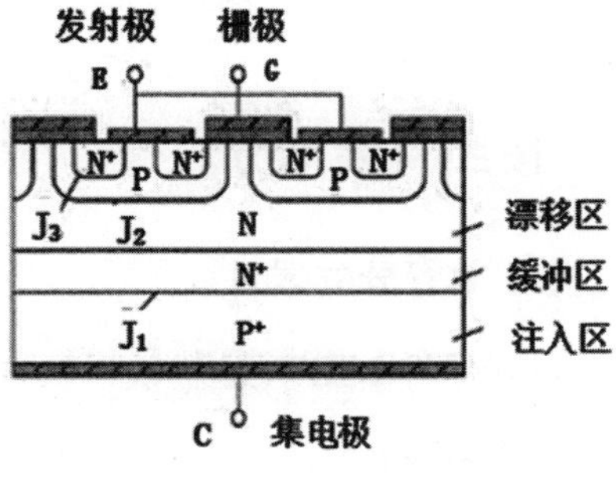

图 5　平面栅 IGBT 的结构

资料来源：公开信息，联盟整理

极电压。U_{th}为阀值电压。全书同。）

平面栅的主要优点是，承受短路能力较强，栅极电容较小（约为沟槽栅器件的三分之一）。

2. 沟槽栅（Trench）

与平面栅相比，沟槽栅的主要优点是单元面积较小、电流密度较大、通态损耗降低约30%、击穿电压更高。沟槽栅IGBT的结构如图6所示。

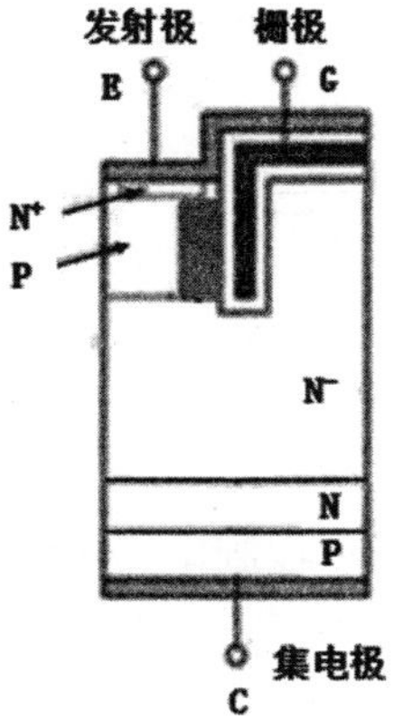

图6　沟槽栅IGBT的结构

资料来源：公开信息，联盟整理

五、按照封装划分

1. 单管分立器件

分立器件IGBT，封装较模块小，电流通常在50A以下，常见的有TO-247、TO-3P等封装。

2. 模块

IGBT最常见的形式是模块，而不是分立器件。IGBT模块是将多个IGBT集成封装在一起，即模块化封装的IGBT芯片，常见的有1in1、2in1、6in1等。

IGBT 模块一般由 IGBT 芯片、二极管芯片、焊板、DBC 基板、焊片、散热底板、外壳等封装而成。在 IGBT 模块进行外壳封装之前，先将 IGBT 芯片和二极管芯片通过焊片焊接在 DBC 基板上，其次，将焊好芯片的 DBC 基片进行芯片键合，然后再进行二次焊接和超声波检测。IGBT 模块的封装结构如图 7 所示。常见的 IGBT 模块如图 8 所示。

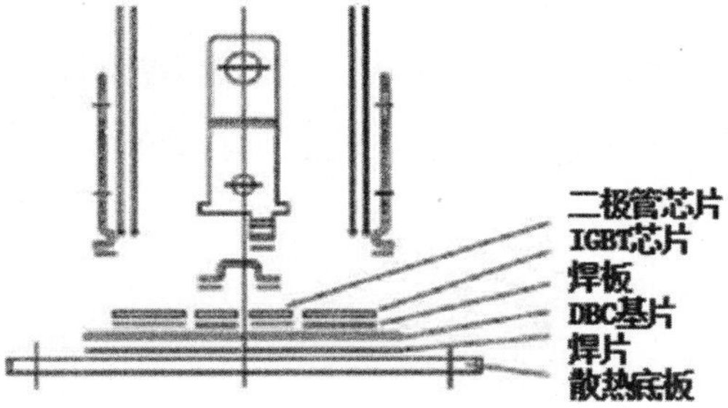

图 7　IGBT 模块的封装结构

资料来源：公开信息，联盟整理

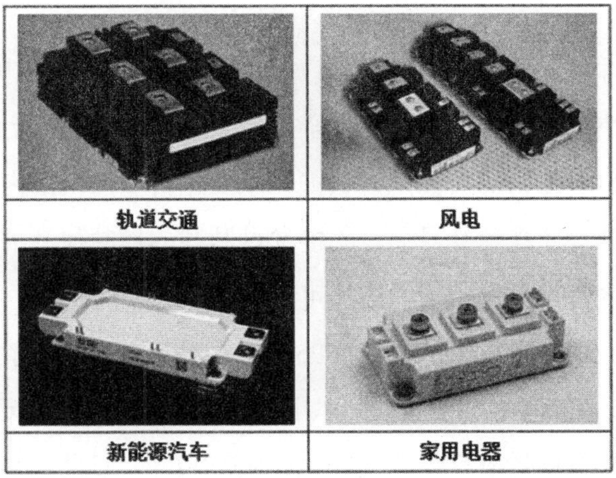

图 8　常见的 IGBT 模块及应用领域

资料来源：公开信息，联盟整理

3. 功率集成（IPM）

IPM 是一种有代表性的混合 IC 封装形式，将包含功率器件、驱动、保护和控制电路的多个芯片，通过焊丝或铜带连接，封装在同一外壳内，构成具有部分或完整功能的、相对独立的功率模块。用 IGBT 单元构成的功率模块在智能化方面发展最为迅速，又称为 IGBT-IPM，千瓦级小功率 IPM 可采用多层环氧树脂粘合绝缘PCB技术，大中功率IPM则采用DBC多芯片技术，IGBT 和续流二极管反并联组成基本单元并联，也可以是两个基本单元组成的二单元以及多单元并联，典型组合方式还有六单元或七单元结构。

第三节 IGBT 技术现状及未来发展趋势

一、功率半导体器件技术特点

功率半导体技术的开始是以 1957 年第一个晶闸管的诞生为标志，晶闸管的派生器件有快速晶闸管（FST）、逆导晶闸管（RCT）、光控晶闸管（LTT）、双向晶闸管（TRIAC）等。晶闸管只能在承受正向电压范围内，通过对门极施加一个触发脉冲才能使其导通，不能通过脉冲的控制使其关闭，属于半控型器件。20 世纪 60 年代后期，门极可关断晶闸管（GTO）、电力双极型晶体管（GTR）、电力场效应晶体管（Power MOSFET）实现了门极可关断功能，并使斩波工作频率扩展到 1kHz 以上。20 世纪 70 年代中期，大功率晶体管（GTR）和功率场效应晶体管（Power MOSFET）问世，并实现了场控功能，打开了高频应用的大门。20 世纪 80 年代，绝缘栅双极型晶体管（IGBT）问世，它综合了功率场效应晶体管和双极型功率晶体管两者的优点，不仅有很高的开关频率，而且有更高的耐压性，可以构成大功率、高频的电力电子电路。功率半导体器件发展进程如图 9 所示。IGBT 与其他半导体器件的特点对比见表 3。典型开关元件的特性归类见表 4。

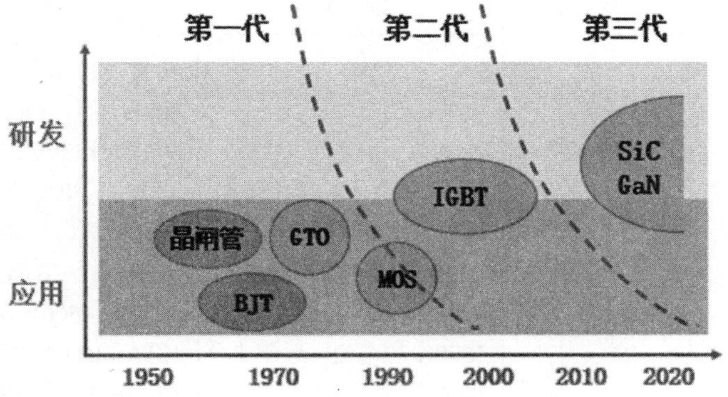

图 9　功率半导体器件发展进程

资料来源：公开信息，联盟整理

表 3　IGBT 与其他半导体器件的特点对比

对比维度	主要产品	国　际	国　内
超大功率（电压 3.3kV 以上、容量 1～45MW）	晶闸管	6in8.5kV/5kA 晶闸管已商品化	以晶闸管为代表的传统半控型器件的技术已经成熟，水平居世界前列，5～6in 的晶闸管产品已广泛用于高压直流输电系统，并打入国际市场，形成了国际竞争力
	集成门极换流晶闸管（IGCT）	瑞士 ABB 等公司开发了非对称型、逆导型和逆阻型 IGCT 的产品，研发水平已达到 9kV/6kA，商业化产品有 4.5kV 和 6kV 两种系列，其中 6.5kV/6kA 的 IGCT 产品已经开始供应市场	已经研制成功 7in 晶闸管产品，并实现了 IGCT 产品的商业化

（续表）

对比维度	主要产品	国　际	国　内
中大功率领域（电压1200～6500V）	IGBT 器件	IGBT 器件（包括大功率模块、智能功率模块）已经涵盖了 300～6500V 的电压和 2～3600A 的电流。近年来，以德国英飞凌、瑞士ABB、日本三菱、东芝和富士等为代表的电力电子器件企业开发了先进的 IGBT 技术和产品，每年占有全球约 50 亿美元的市场，带动了高达几百亿美元的电力电子设备市场	600V、1200V、1700V/10～200A 的 IGBT 芯片和 600V、1200V、1700V/10～300A 的 FRD 芯片已进入产业化阶段，3300V、4500V、6500V/32～63A 的 IGBT 和 3300V、4500V、6500V/50～125A FRD 的芯片已研发成功，并进入量产阶段；IGBT 模块的封装技术也上了一个大台阶，采用国产芯片的 600V、1200V、1700V、3300V/200～3600A 的 IGBT 模块已经实现量产，采用国产芯片的 4500V、6500V/600～1200A 的 IGBT 模块进入小批量的量产阶段。国产品牌 IGBT 芯片和模块已经形成与国际品牌竞争的态势
中小功率领域（900V 以下）	功率MOSFET	功率 MOSFET 是应用最广泛的电力电子器件，也是目前市场容量最大、需求增长最快的器件，其中以超级结为代表的新结构器件是该器件的重要发展方向	中小功率的 MOSFET 芯片已产业化，批量生产的单管已在消费类电子领域得到广泛应用，600～900V 的 MOSFET 芯片正在开发中

资料来源：《电力电子器件产业发展蓝皮书（2016—2020 年）》，联盟整理

表 4　典型开关元件的特性归类

指　标	GTO 晶闸管	高压 IGBT 模块	IGCT
开关技术	对各种电压等级都有效，低通态损耗	高频开关特性、低开关损耗、无须吸收器、集成门驱动	高频开关特性、低开关和通态损耗、无须吸收器、可用于大多数的电压等级
功率电路	不发生灾难性的事故	低压时，元件数较少，适合并联和级联	不发生灾难性的事故，可靠性高，集成了二极管和门控单元，适合于并联和级联
器件设计	可靠性高、结构紧凑	模块设计	允许紧凑和模块化设计，减少电缆互连线

资料来源：公开信息，联盟整理

二、IGBT 技术发展历史

IGBT 技术发展经历了六个阶段，分别是平面穿通型（PT）、改进的平面穿通型（PT）、沟槽型（Trench）、非穿通型（NPT）、电场截止型（FS）与沟槽型电场截止型（FS-Trench）。

平面栅 PT 结构出现在 20 世纪 80 年代初，作为第一代和第二代的 IGBT 结构，其采用外延工艺，在 P 型衬底上形成 N 缓冲层，以及其他正面结构。在正面结构中，栅极为平面栅。第二代的 IGBT 在结构上没有大的变化，图形上更精细化，减小了元胞体积。平面栅 NPT 结构出现在 20 世纪 80 年代末期，作为第三代 IGBT 结构，其厚度有了明显的改善，参数折中方面也较第一代和第二代穿通结构有了明显改进。沟槽栅 NPT 结构出现在 20 世纪 90 年代中期，作为第四代 IGBT 结构，其通过沟槽栅的引入，进一步降低了导通电阻。场截止结构的出现是 IGBT 结构的一个突破，进一步提高了工作频率，降低了导通损耗，通态压降小。场截止结构结合了穿通和非穿通类型器件的优点，硅片厚度比非穿通器件薄了约 1/3，有效降低了漂移层的厚度。沟槽栅 FS 结构作为第六代 IGBT 结构，其将沟槽栅表面结构应用于场截止垂直结构，进一步提升了器件性能，同时减小了元胞间距。① IGBT 的技术路线和发展历程见表 5。

表 5　IGBT 的技术路线和发展历程

代　别	技术特点	芯片面积（相对值）	工艺线宽（μm）	通态饱和压降（V）	关断时间（μs）	功率损耗（相对值）	断态电压（V）	年　份
第一代	平面穿通型（PT）	100	5	3.0	0.50	100	600	1988
第二代	改进的平面穿通型（PT）	56	5	2.8	0.30	74	600	1990
第三代	沟槽型（Trench）	40	3	2.0	0.25	51	1200	1992
第四代	非穿通型（NPT）	31	1	1.5	0.25	29	3300	1997
第五代	电场截止型（FS）	27	0.5	1.3			4500	2001
第六代	沟槽型电场截止型（FS-Trench）	24	0.3	1.0	0.15	29	6500	2003

资料来源：公开信息，联盟整理

回顾 IGBT 的发展历程，主要是从器件纵向结构、栅极结构，以及硅片的加工工艺三方面进行发展演变。

① 引用中华人民共和国国家知识产权局《功率半导体器件产业专利分析报告》

（1）在纵向结构方面，早期的 IGBT 是非穿通型（NPT）结构，而后又出现了拥有缓冲层的穿通型（PT）结构，后来随着区熔单晶硅片应用到 IGBT 制造领域，非穿通型结构开始占据主流。随着实际应用中电压等级越来越高，非穿通型结构的基区宽度要求越来越宽，于是又有了在高压领域向穿通结构的回归，如现在的场终止型、软穿通型结构等。

（2）在栅极结构方面，早期 IGBT 是平面栅结构，随着 Trench（干法刻槽）工艺的成熟，Trench 技术开始用于制造 IGBT 即后来的 Trench-IGBT。它的栅极不再是平面型而是垂直于芯片表面的沟槽型结构，消除了平面工艺中存在的 JFET 区电阻，有效降低了通态损耗，改善了短路耐量。

（3）在硅单晶选择上，早期的 IGBT 使用外延生长技术，在厚厚的衬底上生长出外延层，进而制作 IGBT 正面结构。随着工业对 IGBT 电压等级的要求越来越高，传统的外延生长制造 IGBT 技术已经无法满足，同时悬浮区熔法制造单晶（Float Zone Silicon）技术的日趋成熟，区熔单晶硅开始应用于高压 IGBT 的生产，目前 1200V 以上 IGBT 基本上都是由区熔硅单晶制作。IGBT 演变发展进程如图 10 所示。

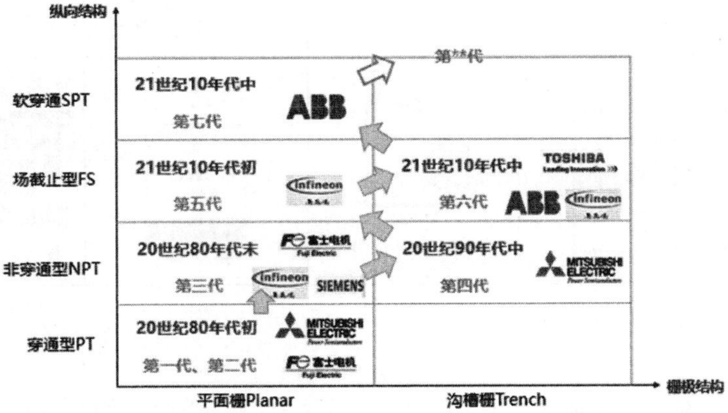

图 10　IGBT 演变发展进程

资料来源：公开信息，联盟整理

除此之外，在器件终端结构方面，从场限环技术（FLR）、场板技术（FP）到结终端扩展技术（JTE）再到后来变掺杂技术（VLD）。在工艺技术上，电子辐照、中子擅变掺杂、硅片减薄工艺等都先后应用到 IGBT 芯片的生产。IGBT 各代特点及结构见表 6。

表 6　IGBT 各代特点及结构

代　别	第二代 PT 型	第四代 NPT 型	第五代 FS 型	第六代 Trench-FS 型
技术效果	相比 GTR 和 MOSFET 实现了低通态压降，同时低开关损耗	减小开关损耗，利于高频工作降低成本	减小开关损耗和通态损耗	减小通态损耗，利于大电流
结构特点	外延晶片	不用寿命控制技术，不用外延片	NPT 工艺+FS	NPT 工艺+FS+Trench
性能特点	通态压降不均，不适于并联使用，功耗有待降低	制造成本低，E_{off} 比 PT 型小，$V_{CE(sat)}$ 比 PT 型大，坚固不易损坏	N^-耐压层比 NPT 型更薄，$V_{CE(sat)}$低于 NPT 型，E_{off}比 PT 和 NPT 型都低，$V_{CE(sat)}$正温度系数	$V_{CE(sat)}$ 比 FS 型低，$V_{CE(sat)}$和 E_{off} 低于 NPT 型
结构简图		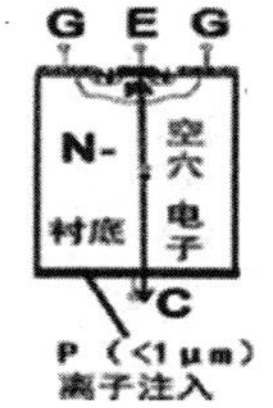		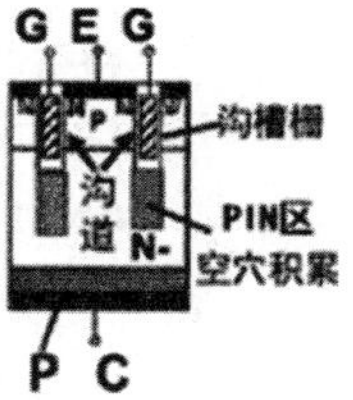

资料来源：中国中投证券研究总部，联盟整理

国际上各大半导体公司均投入巨资开发 IGBT 器件，如英飞凌、三菱、ABB 等。IGBT 工艺技术不断改进和提高，电性能参数和可靠性日趋完善。下面以英飞凌公司研发的 IGBT 为例做简要说明。

英飞凌的第一代 IGBT 直接从非穿通（NPT）型 IGBT 开始，在这一时期，IGBT 产品不断向高压化发展，单靠增加高阻外延厚度的做法，不仅十分昂贵，而且外延层的掺杂浓度和外延层厚度的均匀性都难以保证。该代 IGBT 采用电阻率高的 FZ（区熔）单晶替换了昂贵的外延片，使得晶体完整性和均匀性得到充分满足。在硅片背面用注入和退火的方法可以形成发射效率较低的 P 型层。此外，还可以增加对承受高阻断电压的 N 漂移区的厚度，以至在高电压下不会产生耗尽层穿通现象。NPT 结构的采用，使得 IGBT 几乎在全电流范围的工作区内均呈现正电阻温度系数的单极型器件的特点，而且也使得 NPT 的制造成本大幅度降低，约为 PT 型的 3/4。

英飞凌的第二代 IGBT 在 N 型漂移区引入了电场阻断（Field-Stop）层。它是纵向结构的再一次优化，吸收了 PT 型和 NPT 型两类器件的优点，其硅片厚度比 NPT 型器件薄约 1/3，并且它保持了正电阻温度系数的优点。FS 型结构设置的 N 型缓冲层掺杂浓度比 PT 结构的 N^+层低，但比基区 N 层浓度高（由于衬底掺杂浓度低，关断时电场上升主要取决于等离子电荷浓度，上升的斜率强烈依赖于发射效率），于是电场在其中的分布呈斜角梯形。由于较薄的漂移层中的过剩载流子减少，FS 型 IGBT 还能够降低自身的关断损耗。此外，它在关断时没有拖尾电流。

英飞凌的第三代 IGBT 是在 FS 型 IGBT 的基础上引入沟槽栅，这是当前国外半导体厂商普遍采用的结构组合，栅极采用了沟槽技术，优化了器件表面的载流子分布，改善了器件的导通特性和电流密度。在平面栅结构中，电流流向与表面平行的沟道时，栅极下面由 P 阱区围起来一个结型场效应管（JFET）是电流的必经之路，它成为电流通道上一个串联电阻。在沟槽栅结构中，这个栅下面的 JFET 区域被干法刻蚀工艺挖去，连同包围 JFET 的区域，以及延伸到原来栅极下构成沟道的部分 P 区内层也都被挖掉。这使得 N^+发射区和留下的 P 区层暴露在该沟槽的侧壁。通过侧壁氧化等一系列特殊加工，侧壁氧化层外侧形成了垂直于硅片表面的沟道。在这种结构中，工作电流从

N 漂移区（基区）直接流进垂直沟道而进入源区，于是，这种 IGBT 的通态压降剔除了 JFET 这块串联电阻的影响。

第四代 IGBT 是在第三代的基础上，通过优化电场阻挡层的厚度和浓度的方法，进一步减小通态压降，减小开关损耗，增加开关软度，扩展器件安全工作区的面积，而短路电流能力同第三代相似。

第五代 IGBT 通过应用沟道顶部单元（Trench Top-cell）和场截止（Field-Stop）技术，显著改善了 IGBT 器件的动态和静态性能。IGBT 与软恢复发射极控制二极管的结合则进一步将导通损耗降到了最低。该代 IGBT 平衡了开关损耗和导通损耗，从而达到了最高效率。

三、IGBT 技术现状

1. 主要采用的技术

目前，在中低压领域国际主要厂商推出的最新 IGBT 产品均是基于 Trench-FS 技术、薄片加工技术和发射极载流子增强技术，如三菱的第七代 CSTBT、富士的第七代“X”系列 IGBT、英飞凌的第五代 Trench-Stop 系列等。各公司的新一代产品和上一代相比均采用更窄的沟槽间距、更薄的芯片厚度。因此，新一代 IGBT 具有更好的导通压降和关断损耗的折中特性，同时通过器件参数的优化可使器件工作结温更高，并具有更宽的安全工作区等特点。英飞凌第五代产品采用了表面 Cu 工艺和全新的.XT 技术，可使 IGBT 模块的使用寿命延长 10 倍，使输出功率提高 25%，并且使工作结温达到 175℃。

2. 重点技术路线图

针对我国当前功率半导体产业发展状况及最近五年电力电子产业发展重点，中国宽禁带功率半导体及应用产业联盟、中国电器工业协会电力电子分会等共同发布《电力电子器件产业发展蓝皮书》（简称《蓝皮书》）。《蓝皮书》指出，电力电子器件产业的核心是电力电子芯片和封装产品开发及生产，但也离不开半导体和电子材料、关键零部件、制造设备、检测设备等产业的支撑，其发展既需要上游基础材料产业的支持，又需要设备产业的拉动。

《蓝皮书》建议，近期发展目标可制订为：在硅基电力电子器件用 8in 高阻区熔中照硅单晶圆片，IGBT 封装用平板全压接多台架精密陶瓷结构件、氮化铝覆铜板、铝-碳化硅散热基板，6 英寸碳化硅单晶及外延材料、6～8 英寸硅基 GaN 外延材料和 4～6 英寸碳化硅基 GaN 外延材料、SiC 和 GaN 耐高温（>300℃）封装材料等关键材料方面形成生产能力。2020 年发展目标为：在关键材料方面，形成硅基电力电子器件所需全部材料、碳化硅 6 英寸单晶和厚外延材料、6～8 英寸硅基 GaN 外延材料和 4～6 英寸碳化硅基 GaN 外延材料、SiC 和 GaN 电力电子器件所需高温（>300℃）封装材料等的生产能力，并建立相应标准体系和专利保护机制；在关键电力电子器件方面，硅基 IGBT、MOSFET、FRD 形成系列化产品，综合性能达到国际先进水平，SiC 二极管、晶体管及其模块产品和 GaN 器件产品具有国际竞争力。[①]

3. 重点技术知识产权

在专利方面，2001—2010 年间，全球电力电子器件行业专利申请量处于稳步增长阶段，每年的全球专利申请量都在 1500 项左右，器件类型以 MOSFET 和 IGBT 为主，申请量占比达到 67%。国际上电力电子器件的专利集中于国际大型公司，全球专利申请量居前五位的分别是东芝、NEC、日立、三菱、富士，均是日本公司，此外，GE、英飞凌、西门子、ABB 等欧美企业也在该领域申请了大量专利。[②]

---

① 引用《电力电子器件产业发展蓝皮书（2016—2020 年）》

② 相关数据引用中华人民共和国国家知识产权局《功率半导体器件产业专利分析报告》

（1）全球

IGBT 出现时间较晚，但发展速度较快。1980 年之前，尚未出现 IGBT 专利申请，而截止到 2012 年 4 月 30 日，全球 IGBT 相关专利申请量为 7 302 项，已占功率半导体器件领域 18%。

阶段一：萌芽期（1980—1990 年）。IGBT 逐步发展起来，但总的申请量还较少，仅占功率半导体器件领域的 5%。RCA 公司的申请 US4364073A（申请日 1980 年 3 月 25 日）被认为是最早的关于 IGBT 器件的申请，其于 1982 年 12 月 14 日被授权。同年，西门子也提出了申请 US4502070A，公开了一种 MOS 器件与晶闸管器件集成的器件结构。

阶段二：成长期（1991—1999 年）。这一阶段中，进入 IGBT 专利申请的公司越来愈多，主要申请人有三菱、富士、英飞凌、ABB 等。1991 年专利申请数量仅为 36 项，而到 1999 年时，专利申请的数量达到 92 项。除了涉及元胞结构的专利申请呈增长趋势外，涉及终端结构和模块结构的专利申请也开始大量增加。

阶段三：稳定发展期（2000 年至今）。这期间，六代 IGBT 元胞结构均已出现，并逐渐趋于成熟，较高的技术集中度提高了进入该领域的门槛，使得专利申请的数量维持在比较稳定的水平。出现了逆导型 IGBT 和逆阻型 IGBT，其将二极管和 IGBT 器件集成在一起，进一步提高了器件的性能，同时为器件的模块化提供了新的途径。

IGBT 器件主要由欧美和日本企业所掌握，其中欧洲主要的 IGBT 企业有英飞凌、ABB、意法半导体，美国主要的 IGBT 企业有飞兆、国际整流器公司（IR），日本主要的 IGBT 企业有三菱、富士、东芝、日立等。多边申请量前 15 位的专利申请中，日本专利申请数量最多，占据了其中的 8 个席位，其中东芝以 298 项多边申请位居首位，三菱以及富士分列二三位，其多边申请量分别为 265 项和 247 项。IGBT 全球主要申请概况见表 7。

表 7 IGBT 全球主要专利申请概况①

申请人	国　家	多边申请量（项）	总量（项）	总量占比（%）	申请开始
东芝	日本	298	713	9.76	1982 年
三菱	日本	265	546	7.48	1982 年
富士	日本	247	1067	14.61	1985 年
英飞凌	德国	216	353	4.83	1994 年
电装	日本	123	396	5.51	1987 年
日立	日本	102	396	5.51	1981 年
西门子	德国	93	141	1.92	1980 年
ABB	瑞士	85	138	1.89	1988 年
飞兆	美国	74	111	1.52	1983 年
飞利浦	荷兰	68	78	1.07	1983 年
丰田	日本	68	503	6.89	1992 年
瑞萨	日本	58	125	1.71	1993 年
意法半导体	意大利	55	75	1.03	1987 年
松下	日本	54	164	2.25	1981 年
IR	美国	45	121	1.67	1989 年

数据来源：中华人民共和国国家知识产权局《功率半导体器件产业专利分析报告》，联盟整理

（2）中国

截止到 2012 年 4 月 30 日，IGBT 领域在中国的专利申请量为 828 项，

① 数据统计截止至 2012 年 4 月 30 日。

由中国提出的专利申请为281项，国外提出的专利申请为547项。其中，国外申请以发明专利申请为主，达到99.5%，而中国申请中有30.6%是实用新型专利申请，发明专利申请数量为195项；在发明专利申请中，国外的发明专利申请中30%为PCT申请，对于具有较高质量的重要专利均会采取PCT申请的途径在全球进行布局。中国的发明专利申请中的PCT申请微乎其微，仅有浙江大学在2011年申请的1项PCT申请。多数中国申请的申请时间较晚，其中51.7%都处于“未决”状态。IGBT中国专利申请概况见表8。

表8　IGBT中国专利申请概况（单位：项）①

分类	中国			国外		
	发明（非PCT）	发明（PCT）	实用新型	发明（非PCT）	发明（PCT）	实用新型
有效	55	0	79	171	80	3
失效	101	0	7	152	60	0
未决	38	1	0	58	23	0
总计	194	1	86	381	163	3

数据来源：中华人民共和国国家知识产权局《功率半导体器件产业专利分析报告》，联盟整理

四、IGBT技术发展趋势

由于新型功率器件和集成控制器的大量涌现，以及电力电子转换技术的不断进步，在各厂商对新型功率器件的迫切需求下，功率半导体器件正快速地向高温、高频、低功耗、高功率容量，以及智能化、系统化、高度集成方

① 数据统计截止至2012年4月30日。

向发展，整体性能更适用于严酷的工业环境。IGBT 技术发展趋势是：大电流、高电压、低损耗、高频率、功能集成化、高可靠性。IGBT 芯片发展趋势是：薄片工艺、减少热阻。

宽禁带半导体新材料技术的发展，可以实现更低功耗、更大功率容量、更高工作温度的器件，其中 SiC 成为目前的大功率半导体的主要研究方向，并在单极器件上实现商品化，在 IGBT 等双极器件的研究上也不断取得进展。目前，IGBT 主要受制造工艺及衬底材料的缺陷限制，例如沟道迁移率及可靠性、电流增益较小及高掺杂 P 型衬底生长等问题，未来随着材料外延技术的发展，SiCIGBT 将会实现突破。

随着 IGBT 芯片技术的不断发展，芯片的最高工作结温与功率密度不断提高，IGBT 模块技术也要与之相适应。未来 IGBT 模块技术还将围绕芯片背面焊接固定与正面电极互连两方面不断改进，有望将无焊接、无引线键合及无衬板/基板等先进封装理念及技术结合起来，将芯片的上下表面均通过烧结或压接来实现固定及电极互连，同时在模块内部集成更多其他功能元件，如温度传感器、电流传感器及驱动电路等，不断提高 IGBT 模块的功率密度、集成度及智能度。

第四节 IGBT 国内外发展状况与进程

一、IGBT 国际发展现状

目前，世界各大功率半导体公司对 IGBT 的研发热潮日益高涨，研究步伐和技术革新日益加快，IGBT 芯片的设计与生产厂家有英飞凌、ABB、三菱、Dynex（中国南车，CSR）、IXYS、IR、飞利浦、摩托罗拉、富士电机、日立（Hitachi）、东芝（Toshiba）等，主要集中在欧、美、日等国家。

在市场驱动下，国内外公司纷纷加大对 IGBT 产业的投入。国外研发 IGBT 器件的公司主要有英飞凌、ABB、三菱、西门康、日立、富士电机、东芝、IXYS 和 APT 公司等。现在，IGBT 技术已基本成熟，实现了大规模商品化生产，IGBT 产品电压规格涵盖 600～6500V，电流规格涵盖 2～3600A，形成了完善的 IGBT 产品系列。其中，赛米控、仙童（Fairchild）等企业在 1700V 及以下电压等级的消费级 IGBT 领域处于优势地位；ABB、英飞凌、三菱在 1700～6500V 电压等级的工业级 IGBT 领域占绝对优势，3300V 以上电压等级的高压 IGBT 技术更是被英飞凌、ABB、三菱三家公司所垄断，它们代表着国际 IGBT 技术最高水平。

据调研机构 IHS 于 2016 年公布的报告可知，英飞凌以独占全球 24.5% 的份额高居榜首，三菱则以 24.4%的份额位列第二，富士电机以 12.2%的占有率列第三。全球 IGBT 市场份额占比如图 11 所示。

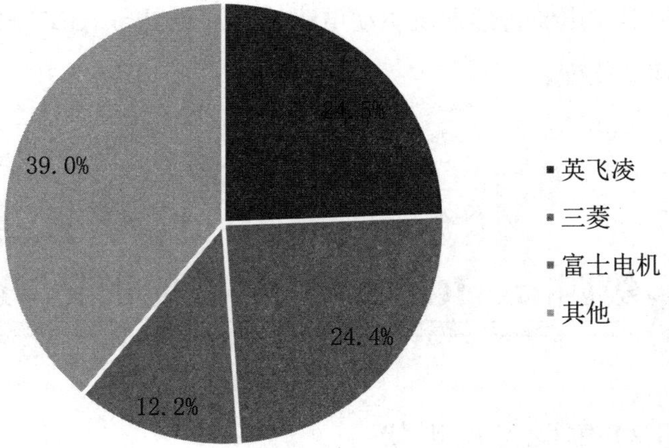

图 11　全球 IGBT 市场份额占比

数据来源：IHS，联盟整理

二、IGBT 国内发展现状

近年来，在国家相关宏观政策的引导下，我国 IGBT 产业发展迅速。目前我国已基本掌握 IGBT 芯片技术，基板、引线、外壳等封装材料已经实现国产化，但生产加工设备还需依赖进口，且中国 IGBT 市场需求不能形成有效供给。

IGBT 芯片是 IGBT 产业的核心，国内企业通过各种途径在 IGBT 芯片、模块等领域已经取得许多可喜进展。中车（原中国南车）通过并购英国 Dynex 半导体公司，充分利用欧洲丰富的技术资源，成立功率半导体海外研发中心，迅速掌握了先进的 1200～6500V IGBT 芯片设计、工艺制造及模块封装技术，并且在株洲建设了一条先进的 8 in IGBT 芯片及其封装生产线，目前已实现 IGBT 芯片量产。在模块封装技术方面，国内多个厂家基本掌握了传统的焊接式封装技术，其中，中低压 IGBT 模块封装厂家较多，高压 IGBT 模块封装主要集中在中车。但不可否认，IGBT 芯片设计制造技术、IGBT 模块封装设计制造技术、IGBT 模块可靠性与失效分析技术、IGBT 测试技术等 IGBT 产业核心技术仍与发达国家相关企业存在一定差距。

在整个 IGBT 产业的发展过程中，芯片的减薄工艺、背面工艺等难题的解决，不仅需要成熟的工艺技术，更需要先进的工艺设备。工艺设备的短缺是我国功率半导体产业发展过程中亟需解决的问题。半导体设备是一个高度垄断的行业，根据 SEMI 公布的数据显示，全球前十大企业占据了 93.6%的市场份额。虽然我国半导体设备发展迅速，但多数专用设备处于试制阶段，不能满足国产化应用需要，尤其是光刻机等高端设备的技术尚未达到应用水平，目前主要依赖于从国外进口。

我国是全球最大的 IGBT 应用市场，但我国 IGBT 市场需求尚不能实现有效供给，这也是目前我国 IGBT 产业面临的巨大挑战。一方面，国内 IGBT 芯片自主生产速度远不能满足国内市场对 IGBT 芯片的需求，IGBT 芯片依赖进口，尤其是智能电网、轨道交通等领域的高压大功率 IGBT 产品，市场供不应求，在交货周期与采购价格上完全受制于国外公司，使我国电力电子装备产业安全存在潜在风险。另一方面，目前国内的应用市场多被英飞凌、三菱、富士等国外厂家所占领，市场提供给国内 IGBT 开发企业的试错机会极少，国内 IGBT 即便开发出来也很难被市场采用。

第二章　IGBT 产业分析

- 第一节　IGBT产业链
- 第二节　产业政策环境
- 第三节　中国IGBT发展历程
- 第四节　IGBT产业链格局

第一节 IGBT 产业链

在 IGBT 全产业链中，上游涉及多晶硅、单晶硅、晶圆制造等，IGBT 生产包括 IDM、设计、芯片制造，下游包括轨道交通、新能源汽车和智能电网等领域应用。

与此同时，还有专用生产设备，如单晶硅生长炉、倒角机、抛光机、氧化炉、光刻机、涂胶/显影设备、刻蚀机、离子注入机、CVD 设备、PVD 设备、CMP 设备、电镀设备、减薄机、晶圆切割机、引线键合机等，以及高压大电流探针测试设备、封装材料检测设备、可靠性测试设备、无损检测设备、测试夹具等检测设备。集成电路制造过程如图 1 所示。

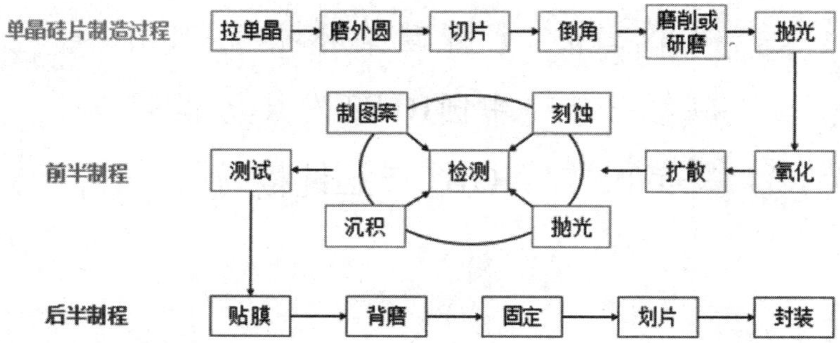

图 1 集成电路制造过程

资料来源：公开信息，联盟整理

从多晶硅、单晶硅、硅片、IGBT 芯片、IGBT 模块、半导体分立器件，到逆变器、变频器、电机、电子元器件等，再到轨道交通、新能源汽车、智能电网应用的全产业链中，工业强基的“四基”已经支持过部分相关项目/方向。“四基”支持过的相关项目/方向列举见表 1。

表 1 “四基”支持过的相关项目/方向列举

“四基”	支持项目/方向
核心基础零部件（元器件）	新能源汽车用 IGBT
关键基础材料	特种气体
	电力电子器件用硅单晶圆片
	封装用 DBC 基板——高纯无氧铜箔
	平板全压接多台架精密陶瓷结构件材料
先进基础工艺	集成电路制造工艺
产业技术基础	先进焊接工艺与智能焊接技术装备研发与服务平台
	集成电路公共服务平台

资料来源：公开信息，联盟整理

一、上游原材料

据 SEMI 数据显示，2015 年半导体材料市场产值为 434 亿美元，晶圆制造材料和封装材料分别占比 55.5%和 44.5%。晶圆制造材料用于在晶圆上制备一定的设计信息，包括晶圆（硅片）、光掩模版①、光刻胶、电子气体等；封装材料用于保护和连接，包括层压基板、引线框架等。各半导体材料及主要用途见表 2。

表 2 各半导体材料及主要用途

半导体材料		主要用途
晶圆制造材料	硅片及硅基材	全球 95%以上的半导体芯片和器件是用硅片作为基底功能材料生产出来的

① 光掩模版，又称光掩膜版。

（续表）

半导体材料		主要用途
	光掩模版	形成于玻璃基板上的细微图案，带有设计信息，通过曝光将信息转写于硅晶片上
	光刻胶	感光有机物，帮助将光掩模版上的图形转移到硅片表面材料上
	电子气体	薄膜、刻蚀、掺杂、气相沉积、扩散等工艺
	CMP 材料	集成电路和超大规模集成电路硅片的抛光
	靶材	用于半导体溅射
封装材料	层压基板、引线框架、焊线、模压化合物、底部填充料、液体密封剂、粘晶材料、锡球等	用于半导体的封装测试

资料来源：东方证券研究所，联盟整理

除硅片和硅基材料外，电子气体、光掩膜版、光刻胶及配套试剂、CMP 材料是影响晶圆制造过程中主要的材料。晶圆制造材料细分市场占比如图2所示。

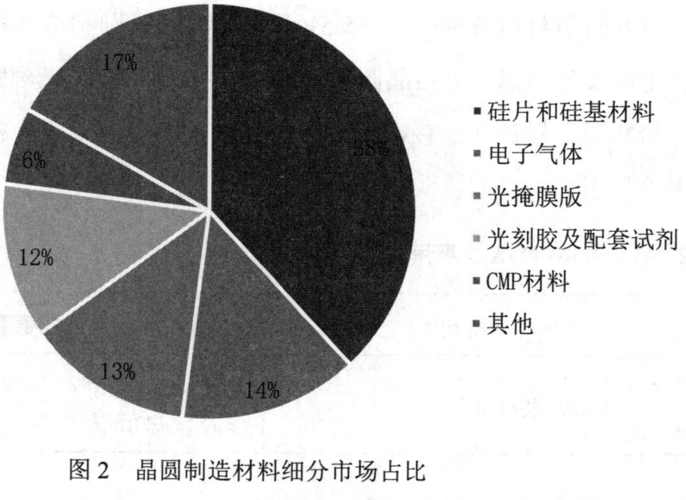

图2　晶圆制造材料细分市场占比

数据来源：中国电子信息网，联盟整理

1. 多晶硅

多晶硅，是单质硅的一种形态。熔融的单质硅在过冷条件下凝固时，硅原子以金刚石晶格形态排列成许多晶核，如这些晶核长成晶面取向不同的晶粒，将这些晶粒结合起来，就结晶成多晶硅。多晶硅是生产单晶硅的直接原料，也是人工智能、自动控制、信息处理、光电转换等半导体器件的电子信息基础材料。

2016 年，全球多晶硅产量为 39.0 万吨，同比增长 11%。2010—2016 年全球多晶硅产量如图 3 所示。

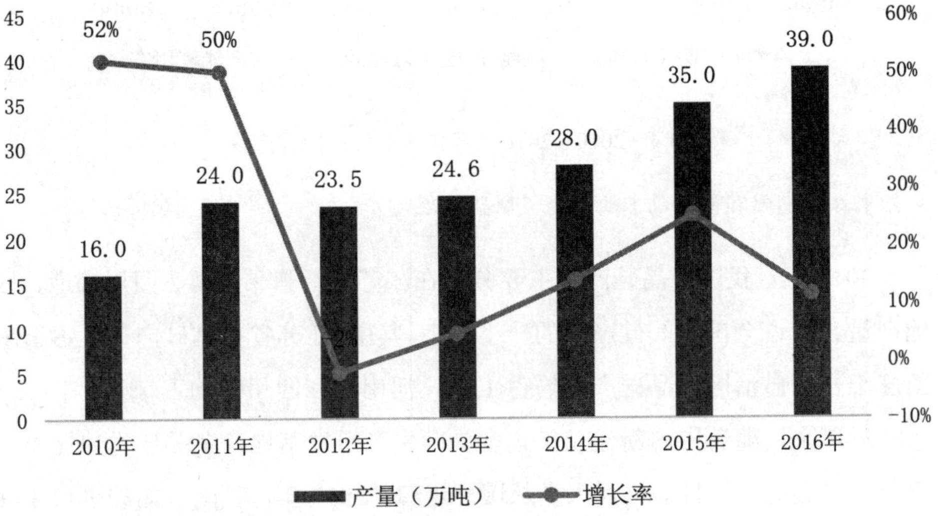

图 3　2010—2016 年全球多晶硅产量

数据来源：赛迪智库、公开信息，联盟整理

2008 年以前，多晶硅生产技术被国外垄断。经过近十年的发展，我国多晶硅产业已初具规模，成为了全球第一大多晶硅生产国，产量约占全球的 50%。

2016 年，我国多晶硅产量 19.4 万吨，同比增长 17.5%，产能为 21.0 万吨，产能利用率达 92.4%。2010—2016 年我国多晶硅产能与产量如图 4 所示。

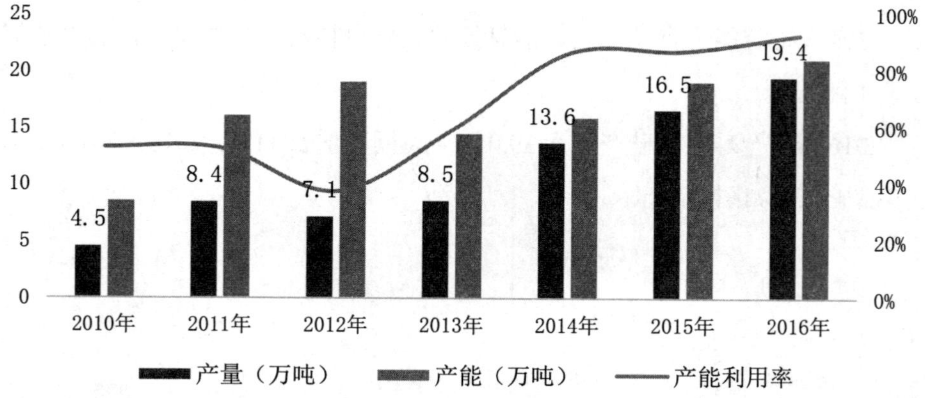

图 4　2010—2016 年我国多晶硅产能与产量

数据来源：中国有色金属工业协会，联盟整理

2016 年，我国多晶硅产地主要分布在江苏、新疆、河南、四川等地，四地产量合计占全国多晶硅产量的一半以上。其中，江苏省多晶硅产量约占 28%，新疆维吾尔自治区多晶硅产量约占 13%，河南省和四川省均占 7%。

近年来，随着国内新建及扩建多晶硅生产研发基地，多晶硅进口比例呈逐年下降趋势，但目前仍需大量从国外进口。2016 年，我国多晶硅进口 13.6 万吨，约占我国多晶硅需求量的 41%。2010—2016 年我国多晶硅进口量与进口比例如图 5 所示。

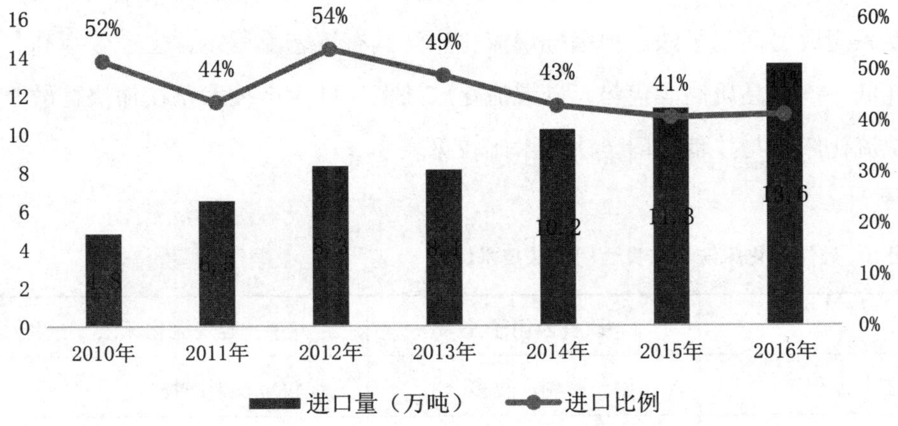

图 5　2010—2016 年我国多晶硅进口量与进口比例

数据来源：中国有色金属工业协会，联盟整理

2016 年，我国从韩国进口的多晶硅大幅增加，占比超 50%。这是由于韩国企业“双反”税率很低，部分企业的税率仅为 2.4%所造成。2016 年我国多晶硅进口地分布如图 6 所示。

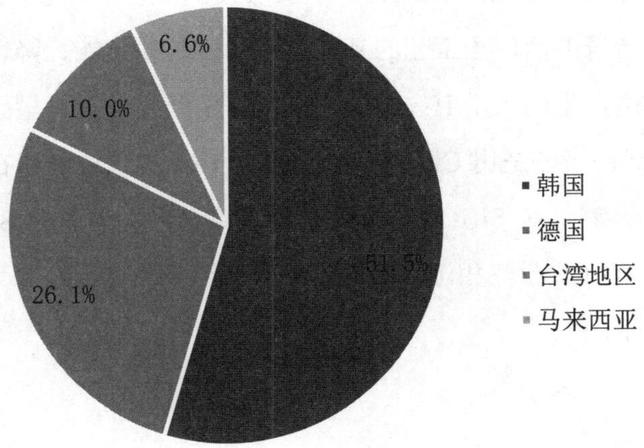

图 6　2016 年我国多晶硅进口地分布

数据来源：中国有色金属工业协会，联盟整理

目前，多晶硅的生产技术主要为改良西门子法和硅烷流化床法，我国主要采用改良西门子法。但因硅烷流化床法具有工艺流程短、生产效率高、能耗低、产品品质高等优势，硅烷流化床法多晶硅生产技术正在加快扩散。硅烷流化床法与改良西门子法技术比较见表 3。

表 3 硅烷流化床法与改良西门子法技术比较

	改良西门子法	硅烷流化床法
工艺流程	流程偏长、副产物多	流程较短、副产物少
生产效率	一次转化率 10% 单炉产量最大 600 t/年	一次转化率 98% 单炉产量超过 1200～6000 t/年
能耗指标	综合电耗 60kW·h/kg	综合电耗 25kW·h/kg
产品品质	主要为太阳能级	电子级

资料来源：中国有色金属工业协会硅业分会，联盟整理

西门子法由德国 Siemens 公司发明，1965 年左右实现了工业化。改良西门子法是在传统的西门子工艺的基础上，同时具备节能、降耗、回收利用生产过程中伴随产生的大量 H_2、HCl、$SiCl_4$ 等副产物以及大量副产热能的配套工艺。改良西门子法是用 Cl 和 H 合成 HCl，HCl 和工业硅粉在一定的温度下合成 $SiHCl_3$，然后对 $SiHCl_3$ 进行分离精馏提纯，提纯后的 $SiHCl_3$ 在氢还原炉内进行 CVD（化学气相沉积）反应生产高纯多晶硅。改良西门子法生产流程如图 7 所示。

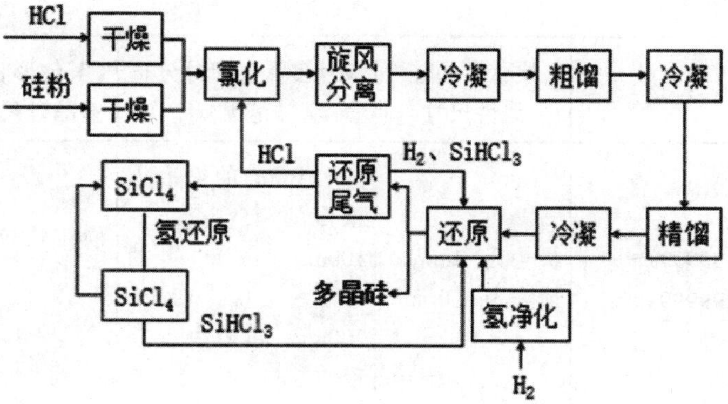

图 7 改良西门子法生产流程

资料来源：公开信息，联盟整理

电子级多晶硅材料的生产与太阳能级多晶硅相比，对产品纯度、杂质控制的要求都非常苛刻，太阳能级的硅纯度为 99.9999%（6 个 9），而电子级的硅纯度则必须达到 99.9999999%（9 个 9）以上，目前最先进的晶圆工艺要求达到 99.999999999%（11 个 9）。氯硅烷的分离提纯工艺是关键步骤，$SiHCl_3$除硼一直是国内电子级多晶硅材料领域的技术瓶颈。电子级多晶硅与太阳能级多晶硅的区别见表 4。

表 4 电子级多晶硅与太阳能级多晶硅的区别

类别	纯度	块状多晶硅线性尺寸	块状多晶硅尺寸分布范围	其他形状多晶硅尺寸	制作方法
电子级多晶硅	99.9999999%～99.999999999%	最小为 6mm，最大为 150mm	6～25mm 的最多占重量的 15%；25～50mm 占重量的 15%～35%；50～150mm 的最少占重量的 65%	棒状多晶硅的直径及长度由供需双方协商确定	直拉法、区域熔化提纯法

（续表）

类别	纯度	块状多晶硅线性尺寸	块状多晶硅尺寸分布范围	其他形状多晶硅尺寸	制作方法
太阳能级多晶硅	99.9999%～99.9999999%	最小为 3mm，最大为 200mm	3～25mm 的最多占重量的 15%；25～100mm 占重量的 15%～35%；100～200mm 的最少占重量的 65%	颗粒状粒度范围 1～3mm	铸造法

资料来源：中华人民共和国国家标准，联盟整理

全球，电子级多晶硅年产量为 28 000 t。2012—2016 年全球电子级多晶硅产量如图 8 所示。

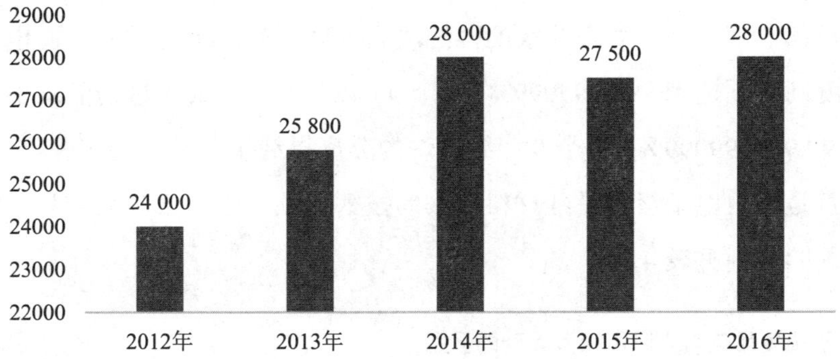

图 8　2012—2016 年全球电子级多晶硅产量（单位：t）

数据来源：公开信息，联盟整理

2. 单晶硅

工业上单晶硅的制备方法主要有两种，直拉法（CZ）和区熔法（FZ），其所制备的单晶分别称为 CZ 单晶和 FZ 单晶。CZ 是目前生产单晶硅棒最主要采用的方法，是将多晶硅料放入坩埚中加热熔化，待温度适宜时，将籽晶

放入，经过浸入、熔接、引晶、放肩、转肩、等径、收尾等步骤后拉制成一根单晶硅棒。直拉法（CZ）制单晶示意图如图 9 所示。

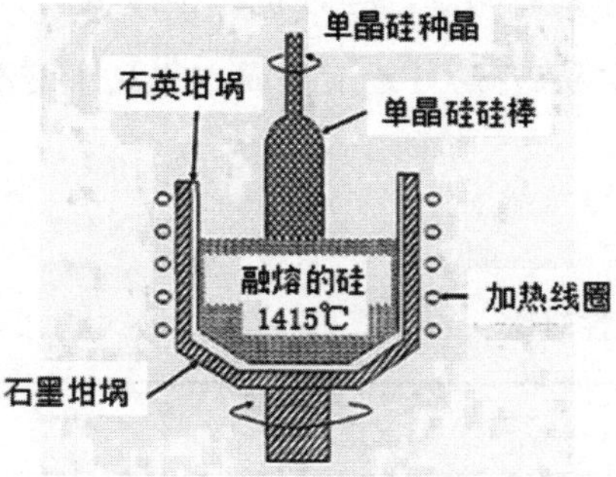

图 9　直拉法（CZ）制单晶示意图

资料来源：公开信息，联盟整理

FZ 是利用高频线圈对垂直放置的多晶硅棒局部区域按从头至尾方向依次进行加热，这些区域从头至尾依次熔化并生长单晶，高频磁场的托力及硅熔体本身的张力确保了熔区的稳定。区熔法（FZ）制单晶示意图如图 10 所示。

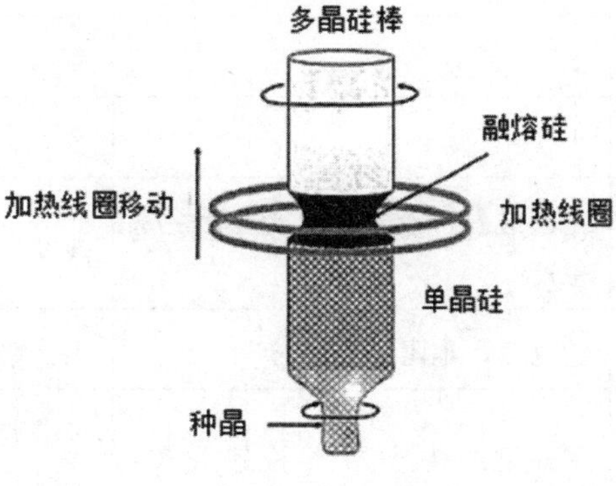

图 10　区熔法（FZ）制单晶示意图

资料来源：公开信息，联盟整理

相比于CZ，FZ完全避免了石英坩埚的使用，因而生长的单晶中氧含量浓度低，单晶纯度较高，电阻率可以做的很大，因而较适用于高压功率器件生产。但同时由于其含氧量偏低，导致机械强度低，使其很难大尺寸化，且在后期芯片加工过程中易破碎，FZ工艺成本也高于CZ。CZ与FZ参数及属性对比见表5。

表5　CZ与FZ参数及属性对比

项　目	CZ	FZ
直径（mm）	76～300	50～200
电阻率（Ω·cm）	0.002～60	0.1～10 000
电阻率均匀性（%）	≤15	5～15
含氧量（cm^{-3}）	$1\sim1.7\times10^{18}$	$<5\times10^{15}$
炉子	直拉炉	区熔炉
工艺	有坩埚，电阻加热	无坩埚，高频加热
直径	能生长 Φ450mm 单晶	能生长 Φ200mm 单晶
少子寿命	低	高
投资	小	是CZ数倍
优点	工艺成熟，设备简单，易大规模生产	纯度很高，电学性能均匀
缺点	纯度低，电阻率不均匀	工艺繁琐，生产成本较高
工艺流程	多晶硅的装料-熔化-种晶-缩颈-放肩-收尾	多晶硅棒料的打磨和清洗-装炉-高频电力加热-籽晶熔接-缩颈-放肩-结束

资料来源：新材料在线、公开信息，联盟整理

单晶硅的制备工艺不同，所得到产品的纯度和性能差异很大，因此其下游应用领域也有所区别。单晶硅在日常生活中是电子计算机、自动控制系统等现代科学技术中不可缺少的基本材料。电视、电子计算机、手机、汽车，处处都离不开单晶硅材料，单晶硅作为科技应用普及材料之一，已经渗透到人们生活中的各个角落。单晶硅分类及应用见表 6。

表 6 单晶硅分类及应用

材料种类	制作的器件①	应用状态
CZ 单晶	二极管、晶体管、太阳能	切、磨片
	双极 IC、MOS、CMOS IC	（吸除）抛光片
MCZ 单晶	CCD、高集成度 IC	（双面）抛光片
FZ 单晶	SR、SCR、MCT、BCT、LTT、GTR、GTO、SITH、IGBT、PIN、PIC、SMART Power、SOLAR	切、磨片、抛光片
薄层硅外延片	双极 IC、MOS、CMOS IC	高集成度时用
高阻厚层硅外延片	VDMOS、IGBT、GTR、SIT、BSIT	新型电力电子器件用
SOI 片	SOI-IC	材料与器件正在高速发展
非晶硅薄膜	SOLAR、TFT-LCD	金属或玻璃衬底

资料来源：新材料在线，联盟整理

① MOS：金属氧化物半导体晶体管；CMOS：互补 MOS；CCD：电荷耦合器件；SR：整流器；SCR：可控硅；MCT：MOS 晶闸管；BCT：双向晶闸管；LTT：光控晶闸管；GTR：巨型晶体管；GTO：电路关断晶闸管；SIT：静电感应晶体管；BSIT：双极型静率器件；SITH：静电感应晶闸管；PIN：高反压光电二极管、探测器；PIC：功率集成电路；SMART Power：智能型功率器件；VDMOS：纵向双扩散 MOS 器件；TFT-LCD：薄膜液晶；SOI-IC：绝缘体上半导体材料（Si、Ge）与电路；SOLAR：太阳能电池。

3. 硅片

硅片又称硅晶圆片，是制作集成电路的重要材料，通过对硅片进行光刻、离子注入等手段，可以制成集成电路和各种半导体器件。根据硅片的特性，可将硅片分为单晶硅片与多晶硅片。单晶硅片与多晶硅片在生产工艺方面存在明显差异，多晶硅片是多晶硅原料铸成硅锭，而后经切割而成；单晶硅片是多晶硅原料经拉棒工艺形成硅棒，而后切割而成。

我国是硅片的第一大生产国，仅大陆地区硅片产量占全球硅片产量的76%。全球硅片产量分布如图11所示。

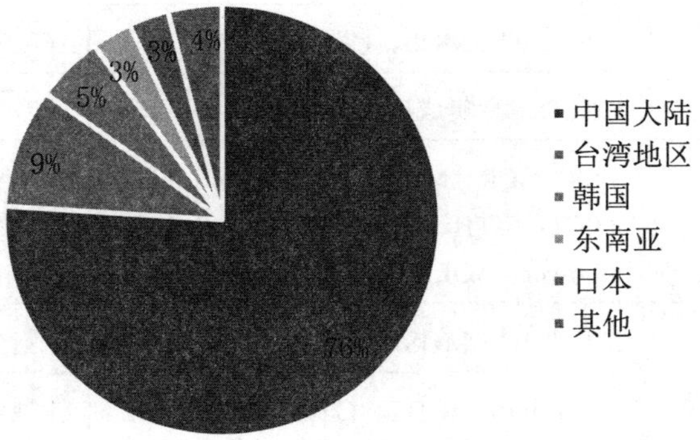

图11　全球硅片产量分布

数据来源：赛迪智库，联盟整理

近年来，我国硅片产量逐年上升。2016年，我国硅片产量约63GW（吉瓦），同比增长31%。2010—2016年我国硅片产量如图12所示。

我国硅片市场主要是依赖出口，2016年，我国硅片出口至26个国家和地区，硅片出口额为27.1亿美元，占光伏产品总出口额的19.3%，同比增加29.2%。硅片出口量约34.7亿片，合15.9GW，约占中国硅片产量的24.6%。其中单晶硅片出口额为8.1亿美元，出口量为9.7亿片；多晶硅片出口额为19.0亿美元，出口量为25.0亿片，单晶硅片和多晶硅片出口额比例约1:2.5。

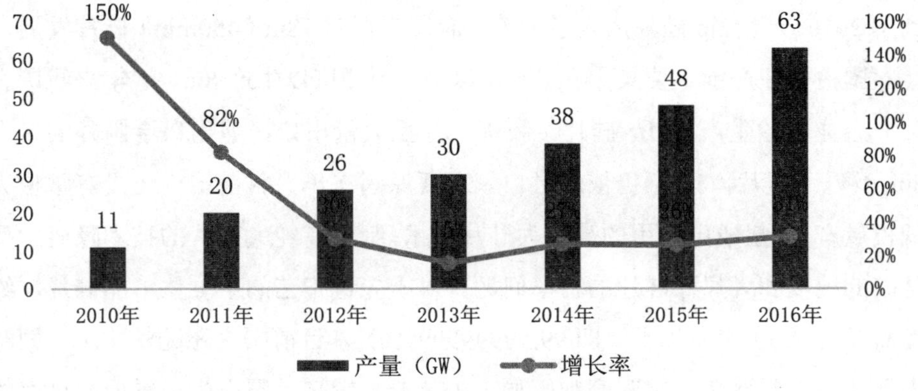

图 12　2010—2016 年我国硅片产量

数据来源：公开资料，联盟整理

硅片按其直径主要分为 4in、5in、6in、8in 及 12in 等。目前市场上使用的主流硅片是 200mm（8in）、300mm（12in）硅片。主流半导体硅片规格见表 7。

表 7　主流半导体硅片规格

规　格	硅片尺寸（mm）	面积（cm^3）	厚度（μm）	质量（g）
4in	100	78.65	525	9.67
5in	125	112.72	625	17.87
6in	150	176.72	675	27.82
8in	200	314.16	725	52.98
12in	300	706.21	775	127.62

数据来源：《半导体制程技术导论》，联盟整理

硅片尺寸越大，在制成的每块晶圆上就能切割出越多的芯片，单位芯片的成本也就越低，因此大尺寸化是硅片的发展趋势。19 世纪 80 年代，4in 硅

片占主流；19 世纪 90 年代，6in 硅片占主流；20 世纪初，8in 硅片占主流；到了 2010 年，12in 硅片成为了主流；而目前正向 18in（450mm）硅片发展。

国内企业产能主要集中在 6in 及以下，少量可以生产 8in，近年来我国有部分企业开始生产 12in 硅片。我国硅片虽大量出口，但出口至国外的多为 6in 及以下硅片，12in 仍依赖进口。主要原因在于，目前国内还没有掌握大规模量产 IC 集成电路用的高纯大硅片技术，制造高纯大硅片的技术障碍主要是硅的纯度和大尺寸硅片的良率问题。对于先进工艺的半导体单晶硅片，纯度需要达到 11 个 9 以上（即 99.999999999%），目前国内还无法实现，同时大尺寸硅片对倒角、精密磨削等加工工艺要求较高，国内尚未掌握高良率的技术能力。

4. 电子气体

电子气体是特种气体的一个重要分支，半导体工业中所用到的气体统称为电子气体。电子气体是超大规模集成电路、平面显示器件、化合物半导体器件、太阳能电池、光纤等电子工业生产不可缺少的原材料，广泛应用于薄膜、刻蚀、掺杂、气相沉积、扩散等工艺。电子气体按气体用途可分为掺杂用气体、外延晶体生长气、离子注入气、发光二极管用气、刻蚀用气体、化学气相沉积气、稀释气（平衡气）等。电子气体按气体用途分类见表 8。

表 8　电子气体按气体用途分类

按用途分类	主要气体
掺杂用气体	AsH_3、PH_3、$AsCl_3$、AsF_3、BF_3、BCl_3、SbH_3、PCl_3、$(CH_3)_2Te$、H_2S、GeH_4、B_2H_6、$(C_2H_5)_2Te$、$(CH_3)_2Cd$、$(C_2H_5)_2Cd$
外延晶体生长用气体	SiH_4、SiH_2Cl_2、$SiHCl_3$、$SiCl_4$、B_2H_6、BBr_3、BI_3、AsH_3、PH_3、GeH_4、TeH_2、$(CH_3)_3Al$、$(CH_3)_3As$、$(C_2H_5)_3As$、$(CH_3)_2Hg$、$(CH_3)_3P$、$(C_2H_5)_3P$、$SnCl_4$、$GeCl_4$、$SbCl_5$、$AlCl_3$、Ar、He、H_2

（续表）

按用途分类		主要气体
离子注入气		AsF_5、PF_5、PH_3、BF_3、BCl_3、SiF_4、SF_6、N_2、H_2
发光二极管用气		AsH_3、PH_3、HCl、SeH_2、$(CH_3)_2Te$、$(C_2H_5)_2Te$
刻蚀用气体	气相刻蚀气	Cl_2、HCl、HF、HBr、SF_6
	等离子刻蚀气	SiF_4、CF_4、C_3F_8、C_2F_6、$CCLF_3$、O_2、C_2ClF_5、NF_3、SF_6、BCl_3、$CHFCl_2$、N_2、Ar、He
	离子束刻蚀气	C_3F_8、CHF_3、$CClF_3$、CF_4
	反应性喷镀气	O_2
化学气相沉积气（CVD）		SiH_4、SiH_2Cl_2、$SiCl_4$、NH_3、NO、O_2
稀释气（平衡气）		N_2、Ar、He、H_2、CO_2、N_2O、O_2

资料来源：公开信息，联盟整理

在我国半导体材料市场，对电子气体的需求仅次于硅片和硅基材料。2016 年，电子气体的国内市场需求为 48.02 亿，占半导体材料总需求的 14%。据全球半导体协会统计，目前常用的电子气体中纯气有 60 多种，混合气有 80 多种。中国电子气体经过近十年的发展，国内涌现了一些生产质量稳定、能够被半导体客户接受的电子气体生产企业，但是与巨大的、快速发展的国内需求相比还远远不够。

5. 光掩膜版

光掩膜版又称光刻掩膜版，主要用于半导体制造中的光刻工艺。光刻工艺是通过光学曝光，将掩膜版上的图形转移到硅片上，以便在硅片上进行选择性掺杂、互连，从而制成半导体器件和集成电路。

2016 年，我国光掩膜版总产量为 1.69 万平方米，近五年复合增长率约为 14%。2012—2016 年我国光掩膜版产量及增速如图 13 所示。

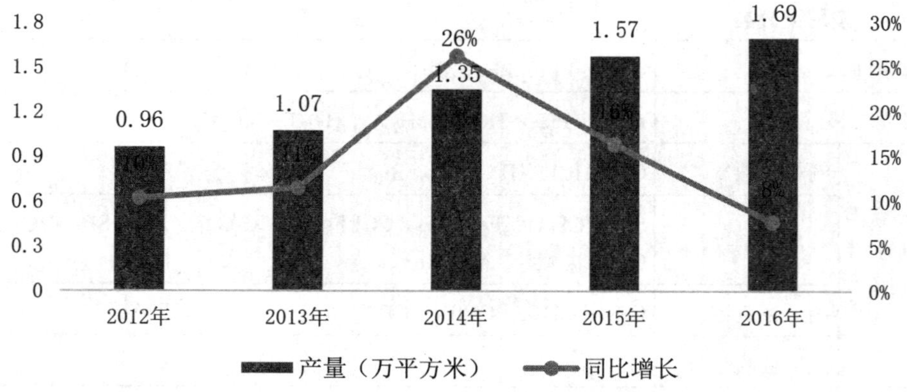

图 13　2012—2016 年我国光掩膜版产量及增速

数据来源：智研咨询，联盟整理

根据 SEMI 数据显示，目前全球半导体光掩膜版市场规模近 34 亿美元。2016 年，我国光掩膜版市场规模为 59.5 亿元，较上年同期增长 4.9%。2012—2016 年，年复合增长率约为 6%。2012—2016 年我国光掩膜版市场规模如图 14 所示。

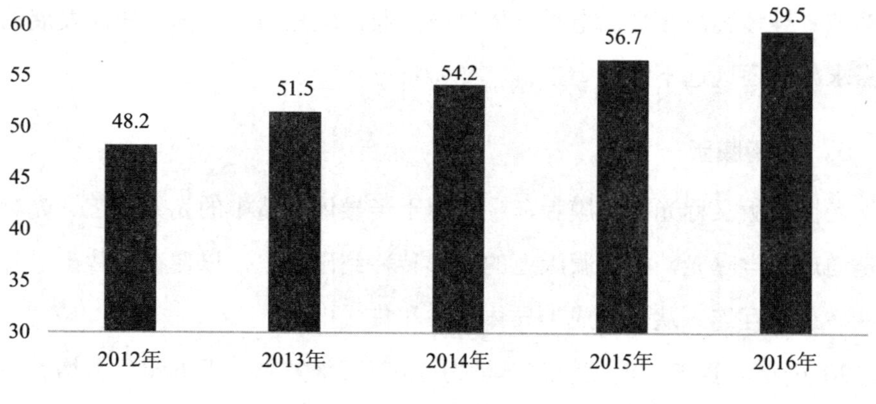

图 14　2012—2016 年我国光掩膜版市场规模（单位：亿元）

数据来源：智研咨询，联盟整理

我国光掩膜版需求量稳步增长，到 2016 年，需求量达 7.98 万平方米。其中，进口量达到 6.29 万平方米，约占总需求量的 79%。2012—2016 年我国光掩膜版需求量与进口量如图 15 所示。

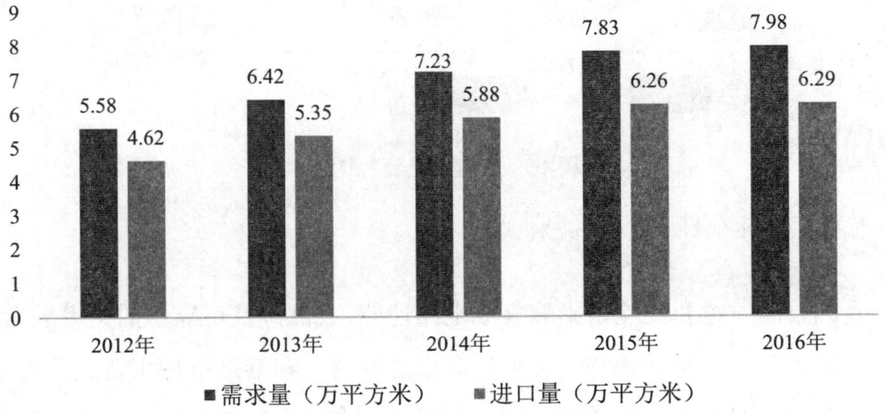

图 15　2012—2016 年我国光掩膜版需求量与进口量

数据来源：智研咨询，联盟整理

6. 光刻胶

光刻是通过曝光将掩膜图案转移到涂覆于硅片表面的光刻胶上，再经显影、刻蚀等步骤将图案转移到硅片上的工艺过程。在集成电路生产过程中，光刻是至关重要的环节，整个芯片工艺所能达到的最小尺寸是由光刻工艺决定的。光刻工艺流程图如图 16 所示。

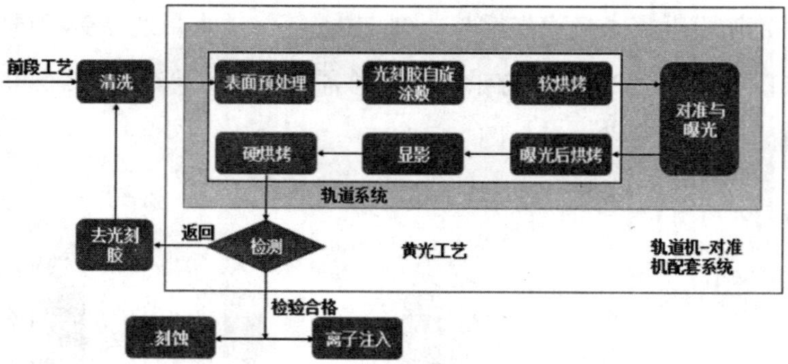

图 16　光刻工艺流程图

资料来源：《半导体制造技术导论》，联盟整理

光刻胶的质量和性能是影响集成电路性能、成品率及可靠性的关键因素。光刻胶是由感光树脂、增感剂（见光谱增感染料）和溶剂三种主要成分组成的对光敏感的混合液体。感光树脂经光照后，在曝光区能很快地发生光固化反应，使得这种材料的物理性能，特别是溶解性、亲合性等发生明显变化。经配套试剂（显影液、稀释剂、表面处理剂、去膜剂、剥离剂等）的处理，溶去可溶性部分，得到所需图像。

基于感光树脂的化学结构，光刻胶可以分为光聚合型、分解型和光交联型；按应用领域，光刻胶可以分为半导体用光刻胶、LCD 用光刻胶和 PCB 光刻胶；而按显示的效果，光刻胶可分为正性光刻胶和负性光刻胶。正胶在经过曝光后，受到光照的部分将会变得容易溶解，只留下未受到光照的部分形成图形，负胶在经过曝光后，受到光照的部分变得不易溶解，留下光照部分形成图形。负胶是最早被应用在光刻工艺上的光刻胶类型，它拥有工艺成本低、产量高等优点，但是负胶在吸收显影液后会膨胀，这会导致其分辨率不如正胶的分辨率高，因此负胶经常会被用于分立器件和中小规模集成电路等分辨率不太高的电路的制作中。大规模集成电路、超大规模集成电路，以及对感光灵敏度要求更高的集成电路的制作，通常会选用正胶来完成图形的转移。光刻胶分类见表 9，各应用领域光刻胶主要品种见表 10。

表 9 光刻胶分类

分类依据	种 类
感光树脂的化学结构	光聚合型
	分解型
	光交联型
应用领域	半导体用光刻胶
	LCD 用光刻胶
	PCB 光刻胶
显示效果	正性光刻胶
	负性光刻胶

资料来源：公开资料，联盟整理

表 10 各应用领域光刻胶主要品种

主要类型	主要品种
半导体用光刻胶	g 线光刻胶、i 线光刻胶、KrF 光刻胶、ArF 光刻胶、聚酰亚胺光刻胶、掩膜版光刻胶等
LCD 用光刻胶	彩色滤光片用彩色光刻胶及黑色光刻胶、LCD/TP 衬垫料光刻胶、TFT-LCD 中 Array 用光刻胶等
PCB 光刻胶	干膜光刻胶、湿膜光刻胶、光成像阻焊油墨等

资料来源：公开资料，联盟整理

2015 年，全球光刻胶市场规模为 73.6 亿美元，其中 LCD 光刻胶占比 26.6%，PCB 光刻胶占比 24.5%，半导体光刻胶占比 24.1%，其他类光刻胶占比 24.8%。2015 年全球光刻胶应用品种分布如图 17 所示。

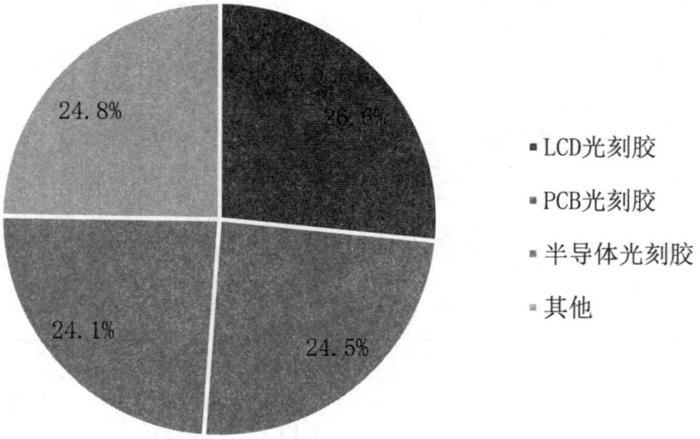

图 17　2015 年全球光刻胶应用品种分布

数据来源：公开资料，联盟整理

2010—2015 年间，我国光刻胶市场规模由 26.9 亿元增至 51.7 亿元，年复合增速为 14.0%。2015 年我国光刻胶消费量达 101000t，同比增长 10.8%。2015 年我国光刻胶行业产量达到 98000t，是 2010 年产量的 2 倍，产品主要集中于 PCB 光刻胶、TN/STN-LCD 光刻胶等中低端产品。其中 PCB 光刻胶产值占比为 94.4%，而 LCD 光刻胶和半导体用光刻胶产值占比分别仅为 2.7% 和 1.6%。[①]

目前，半导体市场上主要使用的光刻胶包括 g 线、i 线、KrF、ArF 四类，曝光波长分别为 436nm、365nm、248nm、193nm。曝光波长是影响光刻胶极限分辨率的一个重要因子，随着曝光波长的缩短，光刻胶所能达到的极限分辨率将得以提高。半导体光刻胶随着市场对半导体产品小型化、功能多样化的要求，而不断通过缩短曝光波长来提高极限分辨率，从而达到集成电路更高密度的集积，集成电路的制程工艺水平已由微米级、亚微米级、深亚微米

① 相关数据来源于智研咨询。

级进入到纳米级阶段。光刻胶应用演变见表 11。

表 11　光刻胶应用演变

年　代	1998 年	2000 年	2002 年	2004 年	2007 年	2010 年	2013 年	2016 年
技术水平（nm）	250	180	130	90	65	45	32	22
晶圆尺寸（mm）	200	200	300	300	300	300	450	450
光刻技术	i 线（紫外光刻）、KrF（248 nm 深紫外）	KrF、ArF（193 nm 深紫外光刻）	KrF、ArF	ArF	ArF、ArFimmersion（沉浸式 193 nm 深紫外光刻）	ArFimmersion	ArFimmersion、E-Beam（电子束直写）、EUV（极紫外技术）	E-Beam、EUVimprint（压印技术）
光刻胶	i 线正胶、248 nm 深紫外光刻胶	248nm、193nm 深紫外光刻胶	248nm、193nm 深紫外光刻胶	193nm 深紫外光刻胶	193nm、沉浸式 193nm 深紫外光刻胶	沉浸式 193nm 深紫外光刻胶	沉浸式 193nm 光刻胶、极紫外光刻胶、电子束胶	极紫外光刻胶、电子束胶、压印式光刻胶

资料来源：《电子化学品》、中国产业信息网，联盟整理

国内光刻胶与国际先进水平尚有较大差距，技术上仍处在国际上 20 世纪 90 年代水平，自给率仅 10%，进口替代的空间巨大。其中，适用于 6in 硅片的 g/i 线光刻胶的自给率约为 20%，适用于 8in 硅片的 KrF 光刻胶的自给率不足 5%，而适用于 12in 硅片的 ArF 光刻胶目前尚没有国内企业可以生产，完全依靠进口。

7. CMP 材料

随着器件特征尺寸的缩小，所需要的生产工序也更多，90nm 以下的制程生产工艺需 400 个工序以上才能完成。在这个复杂的过程中，晶圆制造工艺中将会多次用到化学机械抛光（CMP）技术，最主要的是应用在镜面抛光和金属布线层的抛光中。一般抛光工艺包括机械抛光、化学抛光和化学机械抛光（CMP），其中化学机械抛光利用抛光液对硅片表面的机械研磨和化学腐蚀的双重作用，兼有机械抛光和化学抛光两种抛光方法的优点，尤其适合大直径晶圆的加工，是现代半导体制造工业中最为普遍的抛光方法。

CMP 利用晶圆和抛光头之间的相对运动来实现平坦化，抛光头以一定压力压在旋转的抛光垫上，研磨液在硅片表面和抛光垫之间流动，在抛光垫的传输和离心力的作用下，均匀分布其上，在硅片和抛光垫之间形成一层研磨液液体薄膜。研磨液中的化学成分与硅片表面材料产生化学反应，将不溶的物质转化为易溶物质，或者将硬度高的物质进行软化，然后通过磨粒的微机械摩擦作用将这些化学反应物从硅片表面去除，溶入流动的液体中带走，最终达到抛光的效果。CMP 工艺简图如图 18 所示。

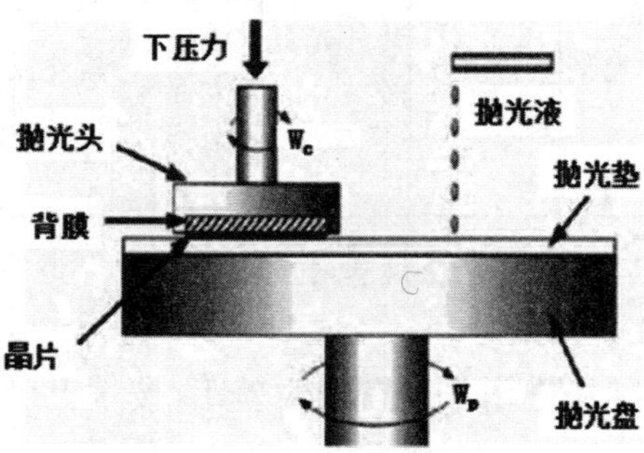

图 18　CMP 工艺简图

资料来源：《电子工业专用设备》第 228 期，联盟整理

一般来说，单晶硅片需要 2 次以上的抛光，表面才可以达到集成电路的要求。单晶硅片首先通过化学腐蚀减薄，此时粗糙度在 10～20μm，再进行粗抛光、细抛光、精抛光等步骤，可将粗糙度控制在几十纳米以内。28nm 制程需要 12～13 次 CMP，进入 10nm 制程后 CMP 次数将翻倍，达到 25～26 次。

2015 年，抛光液占据整个 CMP 耗材市场的比例最高，为 56%，其次是抛光垫，占据 31%的市场份额，两者合计占有 87%的 CMP 耗材市场，是最主要的 CMP 消耗品。2015 年各抛光耗材市场容量占比如图 19 所示。

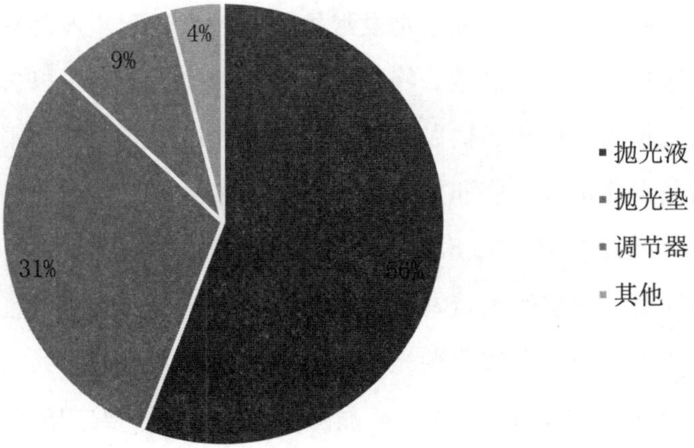

图 19　2015 年各抛光耗材市场容量占比

数据来源：Techcet，联盟整理

抛光液又叫 CMP 研磨液或 CMP 磨料，是平坦化工艺中研磨材料和化学添加剂的混合物，CMP 抛光液一般由超细固体粒子研磨剂（如纳米级 SiO_2、Al_2O_3 粒子等）、表面活性剂、稳定剂、氧化剂等组成。其中，固体粒子提供研磨作用，化学氧化剂提供腐蚀溶解作用。研磨液主要组成成分见表 12。

表 12　研磨液主要组成成分

被抛光材料		磨　粒	研磨液添加物	pH 值
介质	二氧化硅	SiO_2、CeO_2、ZrO_2、Al_2O_3、Mn_2O_3	KOH、NH_2OH	10～13
金属	钨	Al_2O_3、Mn_2O_3	KIO_3、$Fe(NO_3)_2$、H_2O_2	2～6
	铜	SiO_2	KIO_3、$Fe(NO_3)_2$、H_2O_2	2～6
	铝	Al_2O_3	KIO_3、$Fe(NO_3)_2$、H_2O_2	2～6

资料来源：Solid State Technology，联盟整理

抛光垫的主要成分是发泡体固化的聚氨酯，最常见的是聚亚胺酯，其表面包括一定密度的微凸峰，也有许多微孔，不仅可以去除硅片表面材料，而且还起到存储和运输抛光液、排除抛光过程产物的作用。通常情况下，抛光垫是需要定时整修和更换的耗材，一个抛光垫虽不与晶圆直接接触，但使用寿命仅为约 45～75 h。抛光垫通常分为硬质和软质两种：硬质抛光速度较快，平行度、平整度也较好，但表面较粗糙，损伤层较严重；软垫则具有更好的硅片内平均性。按照抛光晶圆的大小，抛光垫可分为 20in 和 30in 两种，其中 20in 主要应用于 200mm 晶圆抛光，30in 主要应用于 300mm 晶圆抛光。抛光材料种类及影响因素见表 13。

表 13　抛光材料种类及影响因素

抛光材料	主要成分	种　类	影响抛光的因素
抛光液	磨料粒子、腐蚀介质以及添加剂	二氧化硅胶体抛光液、二氧化铈抛光液、氧化铝抛光液、纳米金刚石抛光液	氧化剂、磨料、PH 值、流速、粘性、温度
抛光垫	聚氨酯材料、聚酯毛毡等	硬质抛光垫（粗布垫、纤维织物垫、聚乙烯垫等）、软质抛光垫（聚氨酯垫、细毛毡垫、毛布垫等）	抛光垫的材料种类、材料性能、表面结构和状态

资料来源：《化学机械抛光液的发展现状与研究方向》，联盟整理

由于不同的制程标准所需要的 CMP 抛光次数不同，不同的晶圆厂单位产能所需要的抛光垫数量也不同。粗略按照每一万片 300mm 晶圆消耗 300 片抛光垫计算，2015 年大陆 300mm 晶圆产能约为 38 万片/月，仅 300mm 晶圆每月可消耗 1.1 万片 30in 抛光垫。按 800 美元/片的单价估计，每年国内 300mm 晶圆厂创造的抛光垫市场份额超过 9000 万元。如果全部折合为 8in 晶圆，2015 年产能约为 159 万片/月，考虑到我国仍有大量的较低制程晶圆厂，采用的 CMP 抛光次数相对较少，按照平均每万片晶圆消耗 200 片抛光垫计算，月消耗量约为 2.4 万片，年消耗量约为 29 万片。按照抛光垫平均单价 500 美元估算，国内抛光垫的市场需求将超过 1.4 亿美元。

8. 溅射靶材

溅射靶材具有高纯度、高密度、多组元、晶粒均匀等特点，一般由靶坯和背板组成。靶坯属于溅射靶材的核心部分，是高速离子束流轰击的目标材料。靶坯被离子撞击后，其表面原子被溅射飞散出来并沉积于基板上制成电子薄膜。由于高纯度金属强度较低，因此溅射靶材需要在高电压、高真空的机台环境内完成溅射过程。超高纯金属的溅射靶坯需要与背板通过不同的焊接工艺进行接合，背板主要起到固定溅射靶材的作用，且需要具备良好的导电、导热性能。

按使用的原材料材质不同，溅射靶材可分为金属/非金属单质靶材、合金靶材、化合物靶材等。溅射镀膜工艺可重复性好、膜厚可控制，可在大面积基板材料上获得厚度均匀的薄膜，所制备的薄膜具有纯度高、致密性好、与基板材料的结合力强等优点，已成为制备薄膜材料的主要技术之一，各种类型的溅射薄膜材料已得到广泛的应用，因此，对溅射靶材这一具有高附加值的功能材料需求逐年增加，溅射靶材亦已成为目前市场应用量最大的 PVD 镀膜材料。溅射靶材分类见表 14。

表 14 溅射靶材分类

分类标准	产品名称
按形状分类	长靶、方靶、圆靶
按化学成分分类	金属靶材（纯金属铝、钛、铜、钽等）、合金靶材（镍铬合金、镍钴合金等）、陶瓷化合物靶材（氧化物、硅化物、碳化物、硫化物等）
按应用领域分类	半导体芯片靶材、平面显示器靶材、太阳能电池靶材、信息存储靶材、工具改性靶材、电子器件靶材、其他靶材

资料来源：江丰电子招股说明书，联盟整理

根据中国电子材料行业协会数据统计，2016 年全球溅射靶材市场容量达 113.6 亿美元，其中太阳能电池领域市场容量是 23.4 亿美元，占比为 20.6%，半导体领域市场容量是 11.9 亿美元，占比为 10.5%。2016 年全球溅射靶材市场容量占比如图 20 所示。

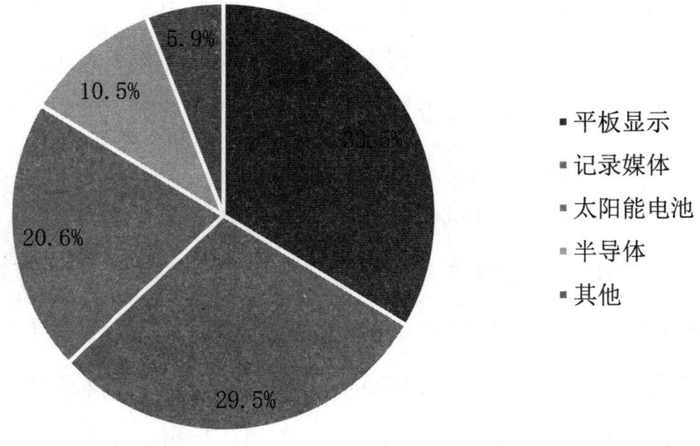

图 20 2016 年全球溅射靶材市场容量占比

数据来源：中国电子材料行业协会，联盟整理

9. 封装材料

封装就是指把硅片上的电路管脚，用导线接引到外部接头处，以便与其他器件连接。封装形式是指安装半导体集成电路芯片用的外壳。它不仅起着安装、固定、密封、保护芯片及增强电热性能等方面的作用，而且还通过芯片上的接点用导线连接到封装外壳的引脚上，这些引脚又通过印刷电路板上的导线与其他器件相连接，从而实现内部芯片与外部电路的连接。

封装主要分为 DIP 双列直插和 SMD 贴片封装两大类。从结构方面，封装由最早期的晶体管 TO（如 TO-89、TO-92）封装发展到了双列直插封装，随后由 Philips 公司开发出了 SOP 小外型封装，之后逐渐派生出 SOJ（J 型引脚小外形封装）、TSOP（薄小外形封装）、VSOP（甚小外形封装）、SSOP（缩小型 SOP）、TSSOP（薄的缩小型 SOP）及 SOT（小外形晶体管）、SOIC（小外形集成电路）等。封装材料介质包括金属、陶瓷、塑料等，目前很多高强度工作条件需求的电路仍有大量的金属封装，如军工和宇航。

封装的常用材料有层压基板、引线框架、焊线、模压化合物、底部填充料、液体密封剂、粘晶材料、锡球等。封装中用到的主要材料及作用见表 15。

表 15 封装中用到的主要材料及作用

封装材料	代 表	原材料	作 用
层压基板	有机基板	有机树脂、玻璃纤维布、覆铜箔板	BGA、CSP 封装提供电路连接和芯片固定作用
引线框架	引线框架	主要材料为铜，会在上面进行镀银、NiPdAu 等材料	提供电路连接和芯片的固定作用
焊线	焊接金线	采用 99.99%的高纯度金，出于成本考虑，目前有采用铜线和铝线替代的	实现芯片与外部引线框架的电性与物理连接
模压化合物	塑料封/环氧树脂	环氧树脂及各种添加剂（固化剂、改性剂、脱模机、染色剂、阻燃剂等）	在熔融状态下将芯片与引线框架，提供物理和电气保护，防止外界干扰

（续表）

封装材料	代　表	原材料	作　用
底部填充料	底部填充胶	环氧树脂	BGA 封装模式中，填满 BGA 底部大面积空隙，达到加固目的
液体密封剂	电子灌封胶	环氧树脂	提供物理和电气保护
粘晶材料	银浆	环氧树脂填充金属粉末（Ag）	将芯片固定在芯片焊板上，起固定作用和导电作用
锡球	锡球	锡	BGA 封装中代替金属引脚

资料来源：公开信息，联盟整理

根据 SEMI 数据显示，2017 年全球封装材料的构成比例中，占比最高的是封装基板（38.4%），其次分别为引线框架（15.5%）、包装材料（15.0%）和焊线（13.9%）。2017 年全球封装材料需求比例如图 21 所示。

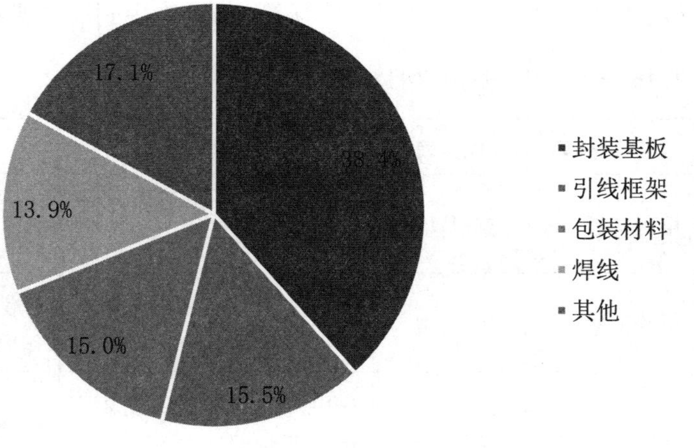

图 21　2017 年全球封装材料需求比例

数据来源：SEMI，联盟整理

陶瓷基覆铜板具有机械应力强，形状稳定；高强度、高导热率、高绝缘性；结合力强，防腐蚀；极好的热循环性能，循环次数达 5 万次，可靠性高；与 PCB 板（或 IMS 基片）一样可刻蚀出各种图形的结构；无污染、无公害；使用温度在-55～850℃之间；热膨胀系数接近硅，简化功率模块的生产工艺等特性。广泛应用于功率电子、电子封装、混合微电子与多芯片模块等领域。陶瓷覆铜板是 IGBT 用关键散热电路板，约占 IGBT 成本的 30%，是除芯片外第二贵重材料。

覆铜板（Copper Clad Laminate，CCL，全称覆铜箔层压板）是由木浆纸或玻纤布等作增强材料，浸以树脂，单面或双面覆以铜箔，经热压而成的一种产品。覆铜板是电子信息工业的重要基础材料，主要用于加工制造印刷电路板 PCB，广泛用在电视机、收音机、电脑、计算机、移动通信等电子产品。覆铜板担负着 PCB 的导电、绝缘、支撑三大功效，以及实现电路组装的高可靠性和长寿命性。覆铜板根据不同的划分标准有不同的分类方法，一般按覆铜板的机械刚性进行划分，可分为刚性覆铜板（CCL）和挠性覆铜板（FCCL）两大类，其中刚性覆铜板可进一步细分为刚性有机树脂覆铜板和刚性无机树脂覆铜板，陶瓷基覆铜板是刚性无机树脂覆铜板的一种。覆铜板分类如图 22 所示。

全球范围内，覆铜板产能在逐渐向中国转移，扩大了国内覆铜板的市场规模。根据中国电子材料行业协会覆铜板材料分会（CCLA）统计数据显示，中国各类覆铜板产量由 2010 年的 42 750 万平方米增加至 2016 年的 56 323 万平方米，年复合增长率为 4.7%。2010—2016 年中国各类覆铜板产量及增长情况如图 23 所示。

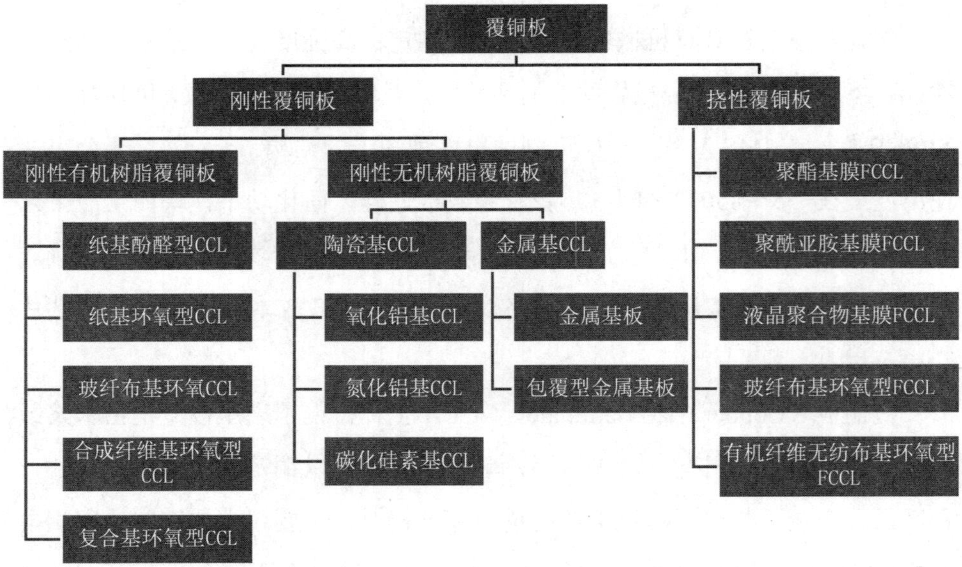

图22　覆铜板分类

资料来源：中国覆铜板信息网，联盟整理

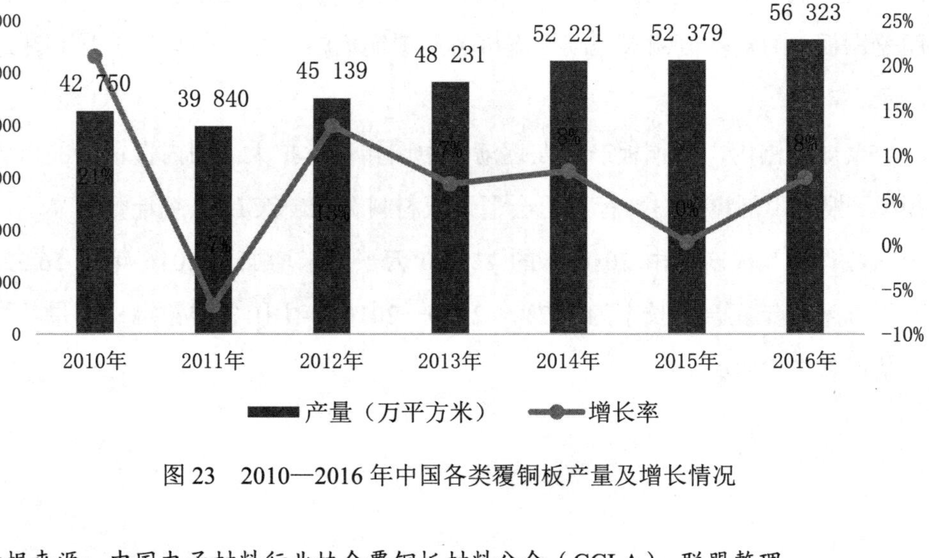

图23　2010—2016年中国各类覆铜板产量及增长情况

数据来源：中国电子材料行业协会覆铜板材料分会（CCLA），联盟整理

2012—2016年，我国覆铜板销量由42 317万平方米增长到57 848万平方米，年复合增长率为8.1%。2012—2016年中国覆铜板销量及增长情况如图24所示。

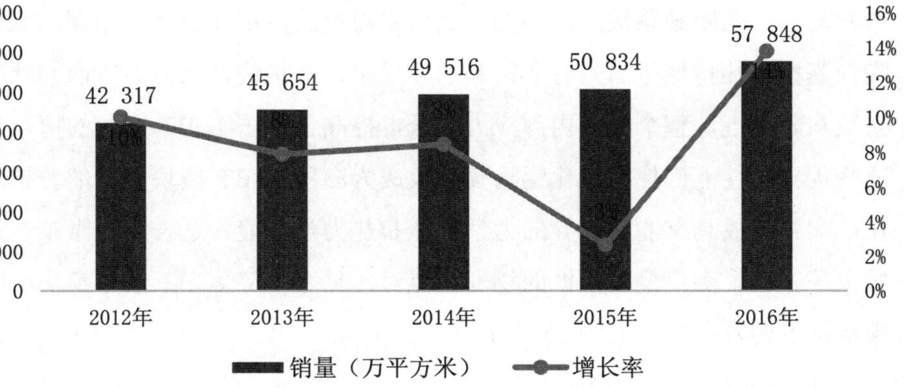

图24 2012—2016年中国覆铜板销量及增长情况

数据来源：中国电子材料行业协会覆铜板材料分会（CCLA），联盟整理

高压大功率IGBT模块所产生的热量主要是通过陶瓷覆铜板传导到外壳而散发出去的，因此陶瓷覆铜板是电力电子领域功率模块封装不可或缺的关键基础材料。它既具有陶瓷的高导热、高绝缘、高机械强度、低膨胀等特性，又具有无氧铜金属的高导电性和优异的焊接性能，并能像PCB线路板一样刻蚀出各种图形。陶瓷覆铜基板利用铜的含氧共晶体直接将铜覆接在陶瓷上。其基本原理是，覆接过程前或过程中在铜与陶瓷之间引入适量的氧元素，在1065～1083℃范围内（低于铜的熔点1083℃），铜与氧形成铜—氧共晶体，该共晶体一方面与陶瓷发生化学反应生成尖晶石的物质，另外一方面浸润铜箔和陶瓷实现了陶瓷与铜箔的结合。先对铜片进行退火处理，然后把铜片与瓷片相结合，通过烧结得到大面积的基板，接着在一个大面积的基板上布置多个单元阵列，再通过蚀刻得到目标图形，最后通过划片得到一个小单元。

陶瓷基板材料的性能是陶瓷覆铜板性能的决定因素。目前，已用作陶瓷覆铜板基板材料的共有三种陶瓷，分别是氧化铝陶瓷基板、氮化铝陶瓷基板和氮化硅陶瓷基板。氧化铝陶瓷基板有优的绝缘性、化学稳定性、力学性能和较低的价格，是最常用的陶瓷基板，但由于氧化铝陶瓷基片相对低的热导率、与硅的热膨胀系数匹配不好，氧化铝材料的应用前景不容乐观。氮化铝陶瓷基板在热特性方面具有非常高的热导率、散热快，在应力方面，热膨胀系数与硅接近，整个模块内部应力较低，提高了高压 IGBT 模块的可靠性，这些优异的性能都使得氮化铝陶瓷基板成为高压 IGBT 模块封装的首选。氮化硅陶瓷基板具有非常优异的力学性能和热力学性能，适合新能汽车、风力发电等领域。陶瓷覆铜基板的物理性能对比见表 16。IGBT 功率模块用陶瓷覆铜基板的发展趋势如图 25 所示。

表 16　陶瓷覆铜基板的物理性能对比

材　料	热导率（W/m·K）	弯曲强度（MPa）	断裂韧性（$MPa·m^{-1/2}$）	热膨胀系数（ppm/℃）
氧化铝	20	400	3.3	7.1
氮化铝	170	350	2.7	4.5
氮化硅	60	850	5.0	2.7

数据来源：公开信息，联盟整理

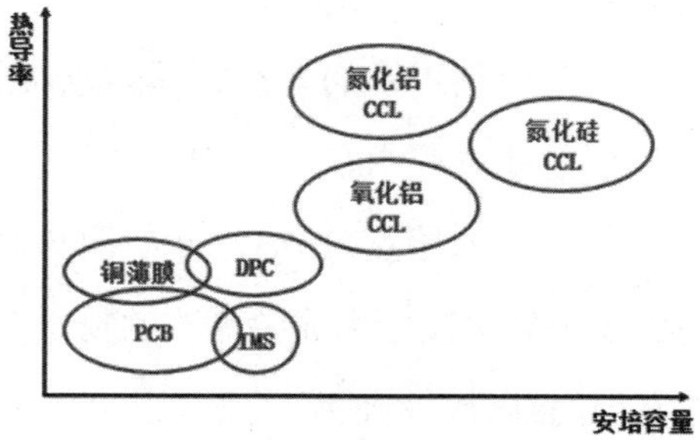

图 25　IGBT 功率模块用陶瓷覆铜基板的发展趋势

资料来源：公开信息，联盟整理

制造高纯度的陶瓷基板很困难，因为大部分陶瓷熔点和硬度都很高，这一点限制了陶瓷机械加工的可能性，因此陶瓷基板中常常掺杂熔点较低的玻璃用于助熔或者粘接，使最终产品易于机械加工。Al_2O_3、BeO、AlN 基板制备过程很相似，将基体材料研磨成直径在几微米左右的粉粒，与不同的玻璃助熔剂和黏接剂（包括粉体的 MgO、CaO）混合，此外还需向混合物中加入一些有机黏接剂和不同的增塑剂再球磨防止团聚使成分均匀，成型生瓷片，最后高温烧结。目前陶瓷成型主要有以下几种方法：

（1）辊轴轧制。将浆料喷涂到一个平坦的表面，部分干燥以形成黏度像油灰状的薄片，再将薄片送入一对大的平行辊轴中，轧碾得到厚度均匀的生瓷片。

（2）流延。浆料通过锋利的刀刃涂覆在一个移动的带上形成薄片，与其他工艺相比，这是一种低压的工艺。

（3）粉末压制。粉末在硬模具腔内并施加很大的压力（约 138MPa）烧结，尽管压力不均匀可能产生过度翘曲，但这一工艺生产的烧结件非常致密、容差较小。

（4）等静压粉末压制。这种工艺使用周围为水或者为甘油的模，使用高达 69MPa 的压力，这种压力更为均匀，所制成的部件翘曲更小。

（5）挤压。浆料通过模具挤出，这种工艺使用的浆料黏度较低，难以获得较小容差，但是这种工艺非常经济，并且可以得到比其他方法更薄的部件。

目前，直接覆铜工艺（DBC）是陶瓷覆铜板主要使用的工艺，是指在含氧的氮气中以 1063℃左右的高温加热，氧化铝或氮化铝陶瓷表面直接焊接上一层铜箔。其基本原理是：利用了铜与氧在烧结时形成的铜氧共晶液相，润湿相互接触的两个材料表面，即铜箔表面和陶瓷表面，同时还与氧化铝反应生成 $CuAlO_2$、$Cu(AlO_2)_2$ 等复合氧化物，充当共晶钎焊用的焊料，实现铜箔与陶瓷的牢固结合。但由于氮化铝是一种非氧化物陶瓷，敷接铜箔的关键是使其表面形成氧化物过渡层，然后通过上述过渡层与 Cu 箔敷合实现 AlN 与

Cu 箔的敷合。DBC 工艺流程图如图 26 所示。

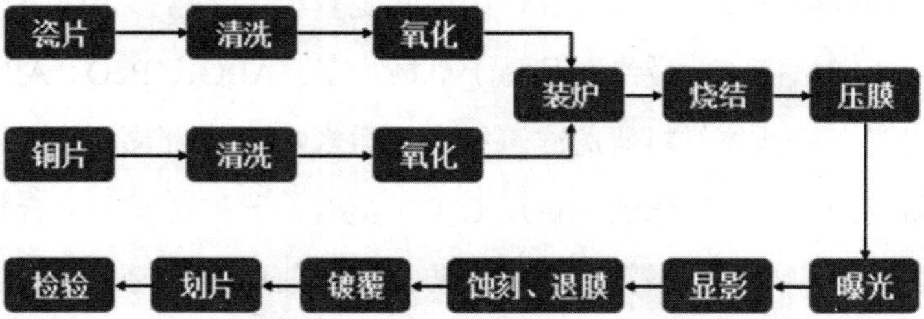

图 26　DBC 工艺流程图

资料来源：公开资料，联盟整理

活性焊铜工艺（AMB）是 DBC 工艺技术的进一步发展，它是利用钎料中含有的少量活性元素与陶瓷反应生成能被液态钎料润湿的反应层，从而实现陶瓷与金属接合的一种方法。先将陶瓷表面印刷活性金属焊料而后与无氧铜装夹后在真空钎焊炉中高温焊接，覆接完毕的基板采用类似于 PCB 板的湿法刻蚀工艺在表面制作电路，最后表面镀覆制备出性能可靠的产品。AMB 基板是靠陶瓷与活性金属焊膏在高温下进行化学反应来实现结合，因此其结合强度更高、可靠性更好。使用 AMB 工艺的主要优势是，图形不偏移、焊料无溢出、绝缘耐压值大、无尖端放电现象，但该方法成本较高、合适的焊料较少、焊料对于焊接的可靠性影响较大，且对活性焊料制备技术、大尺寸 AMB 焊接技术（139×190mm）、焊料蚀刻技术要求较高。AMB 工艺路线图如图 27 所示。

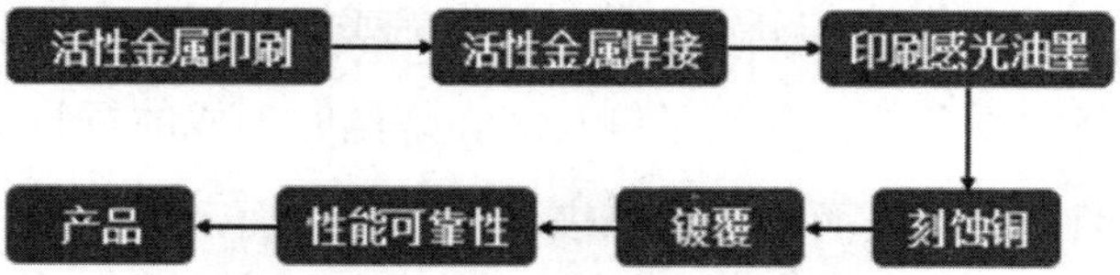

图 27　AMB 工艺路线图

资料来源：公开信息，联盟整理

二、中游生产设备

晶圆制造设备依旧在半导体设备中占绝对地位，这与生产链的特点有关，晶圆制造是关键性步骤。2015 年，晶圆制造设备销售额占比达到 78.7%，而测试和封装设备分别占比 9.2%和 6.9%，其他类别只占比 5.2%。2015 年不同类型半导体制造设备市场份额如图 28 所示。

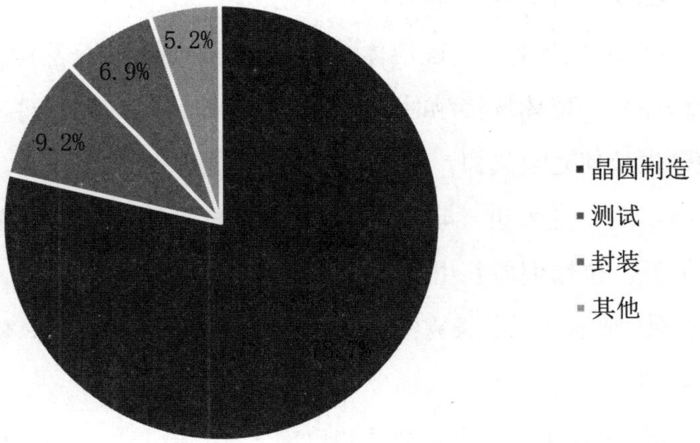

图 28　2015 年不同类型半导体制造设备市场份额

数据来源：SEMI，联盟整理

1. 单晶硅加工

单晶硅棒加工成单晶硅抛光硅片流程中，从单晶生长、切断、外径滚磨、平边或 V 型槽处理、切片，到倒角、研磨，再到腐蚀、抛光、清洗、包装，涉及单晶硅生产炉、磨床、倒角机、内院切割机或线切割机、研磨机、多片式抛光机或单片式抛光机等设备仪器。

（1）单晶硅生长炉

单晶硅生长炉是一种在以氮气、氦气为主的惰性气体环境中，用石墨加热器将多晶硅等多晶材料熔化，用直拉法生长无错位单晶的设备，亦称单晶炉。

单晶炉工序有加料、熔化、缩颈生长、放肩生长、等径生长、尾部生长等。

① 加料：将多晶硅原料及杂质放入石英坩埚内，杂质的种类依电阻的 N 型或 P 型而定。杂质种类有硼、磷、锑、砷。

② 熔化：加完多晶硅原料于石英埚内后，长晶炉必须关闭并抽成真空后充入高纯氩气使之维持在一定压力范围内，然后打开石墨加热器电源，加热至 1420℃以上，将多晶硅原料熔化。

③ 缩颈生长：当硅熔体的温度稳定之后，将籽晶慢慢浸入硅熔体中。由于籽晶与硅熔体场接触时的热应力，会使籽晶产生位错，这些位错必须利用缩颈生长使之消失掉。缩颈生长是将籽晶快速向上提升，使长出的籽晶的直径缩小到一定大小（4～6mm），由于位错线与生长轴成一个交角，只要缩颈够长，位错便能长出晶体表面，产生零位错的晶体。

④ 放肩生长：长完细颈之后，须降低温度与拉速，使得晶体的直径渐渐增大到所需的大小。

⑤ 等径生长：长完细颈和肩部之后，借着拉速与温度的不断调整，可使晶棒直径误差维持在±2mm 之间，这段直径固定的部分即称为等径部分，单晶硅片取自于等径部分。

⑥ 尾部生长：在生长完等径部分之后，如果立刻将晶棒与液面分开，那么热应力将使得晶棒出现位错与滑移线。于是为了避免此问题的发生，必须将晶棒的直径慢慢缩小，直到成一尖点而与液面分开，这一过程称之为尾部生长。长完的晶棒被升至上炉室冷却一段时间后取出，即完成一次生长周期。

1961 年，在中国科学院半导体物理所林兰英院士的指导下，北京机械学院工厂（西安理工大学工厂的前身）的技术人员与半导体物理所的技术人员共同研制出了我国第一台人工晶体生长设备——TDK-36 型单晶炉，并且成功拉制出了我国第一根无位错的硅单晶，单晶质量接近当时的国际先进水平，TDK-36 型单晶炉投料量只有 1kg，拉制单晶直径 Φ35mm；1973 年开发了

TDR-40 型单晶炉，投料量 3kg，拉制单晶直径 Φ50mm；1978 年，开发了 TDR-50 型单晶炉，投料量 12kg，拉制单晶直径 Φ75mm。随着集成电路的迅猛发展，对硅单晶的直径要求越来越大，单晶炉也不断向大型化发展。1979 年，研制出能够生长 50mm（2in）的单晶炉；1983 年，研制出能够生长 75mm（3in）的单晶炉；1991 年，研制出能够生长 100mm（4in）的单晶炉；1996 年，研制出能够生长 150mm（6in）的单晶炉；1998 年，研制出能够生长 200mm（8in）的单晶炉。到目前为止，在国内市场上运行的单晶炉有十几种型号，而国产设备也有八种之多，已经能够满足稳定生产 200mm 集成电路级的硅单晶、212mm（8.5in）的太阳能光伏电池级硅单晶的能力，一些设备生产单位正在研制 300mm（12in）的硅单晶炉。

（2）倒角机

倒角机负责将切片后的硅片边缘进行磨削修整，从而获得更光滑的外缘。普遍采用的是，用砂轮磨削硅片边缘，直到硅片边缘形状与轮的形状一致为止。

（3）抛光机

普通的磨片完成以后，硅片表面存在一个薄层的表面缺陷，抛光的目的是使硅片表面真正达到高度平整、光洁的理想表面。

抛光的设备主要有多片式抛光机和单片式抛光机，抛光的方式分为粗抛和精抛。粗抛的主要作用去除损伤层，一般去除量约在 10～20μm；精抛的主要作用是改善晶片表面的微粗糙程度，一般去除量在 1μm 以下。

2. 晶圆制造

晶圆制造的过程十分复杂，可以细分为七个独立的环节，包括扩散、光刻、刻蚀、离子注入、薄膜生长、抛光、金属化。一般的晶圆处理工序是先将晶圆进行适当清洗，再在其表面进行氧化及化学气相沉积，然后进行涂膜、曝光、显影、蚀刻、离子注入、金属溅镀等反复步骤，最终在晶圆上完成数层电路及元件加工与制作。晶圆制造工艺流程如图 29 所示。

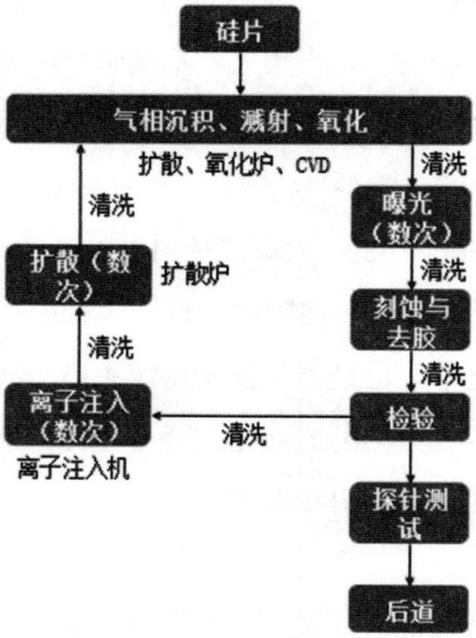

图 29　晶圆制造工艺流程

资料来源：国信证券经济研究所，联盟整理

晶圆制造过程工艺复杂且精度要求极高，每个工艺环节均需要特殊的设备实现。例如扩散阶段所必须的氧化炉，图形转换阶段需要涉及到光刻机、刻蚀机等设备，在薄膜生长阶段需要用到 CVD 设备、PVD 设备等，在抛光和金属化阶段需要用到 CMP 设备、电镀设备。此外，全过程都需要用到的清洗设备也是晶圆制造的重要设备之一。晶圆制造主要环节工艺及设备见表 17 所示。

表 17　晶圆制造主要环节工艺及设备

晶圆制造环节	主要工艺	主要设备
扩散	氧化、RTP、激光退火	氧化炉、RTP 设备、激光退火设备

（续表）

晶圆制造环节	主要工艺	主要设备
光刻	涂胶、测量、光刻、显影	光刻机、涂胶/显影设备、CD SEM
刻蚀	干刻或湿刻、去胶、清洗	刻蚀机、等离子去胶机、清洗设备
离子注入	离子注入、去胶、清洗	离子注入机、等离子去胶机、清洗设备
薄膜生长	CVD、PVD、RTP、ALD、清洗	CVD 设备、PVD 设备、RTP 设备、ALD 设备等
抛光	CMP、刷片、清洗、测量	CMP 设备、刷片机、清洗测量设备
金属化	PVD、CVD、电镀、清洗	PVD/CVD 设备、电镀设备、清洗设备

资料来源：公开信息，联盟整理

在晶圆生产线中，光刻机成本最高，约占设备成本的 30%；其次是刻蚀机，约占设备成本的 20%；PVD 设备约占设备成本的 15%。晶圆生产线中各设备成本占比如图 30 所示。

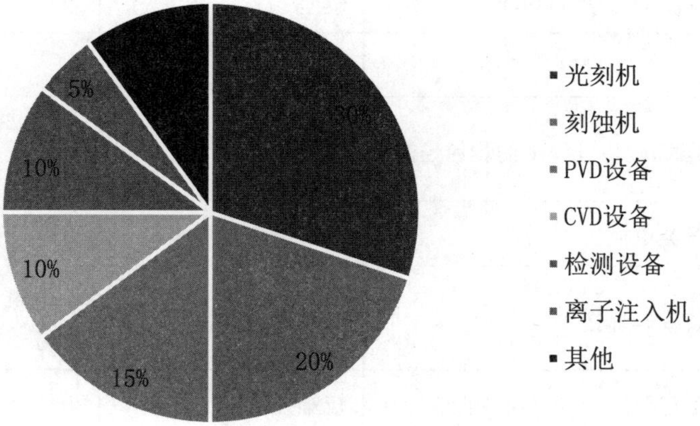

图 30 晶圆生产线中各设备成本占比

数据来源：GlobalFoundries，联盟整理

（1）氧化炉

氧化炉为半导体材料进行氧化处理提供要求的氧化氛围，实现半导体预期设计的氧化处理过程。所用的材料为硅片、氧气、惰性气体等。

常见的氧化炉分为立式和卧式两种。由于立式氧化炉易实现自动化、均匀性好、洁净度高、净化室占地小，在大尺寸硅片的氧化工艺中已取代了卧式氧化炉，成为工业界标准设备。卧式氧化炉和立式氧化炉性能对比见表 18。北方华创的立式氧化炉如图 31 所示。

表 18　卧式氧化炉和立式氧化炉性能对比

性能参数	卧式氧化炉	立式氧化炉
常规装载硅片数目	200 片/炉	100 片/炉
净化室占地面积	较大，4 根工艺管道	较小，单根工艺管道
并行处理	无	工艺中的装卸舟，可提高产量
气流动力学（GFD）	较差	较高的 GFD 和气流分布均匀
硅片温度梯度	大	小
装/卸硅片过程中的颗粒控制	相对差	通过上下装片方式，改善颗粒控制
石英更换	涉及更多并且慢	更容易和更快，停机时间缩短
装载硅片技术	自动化困难	使用机器人技术使自动化更容易
工艺前后炉管气氛的控制	较难控制	极好控制

资料来源：公开信息，联盟整理

图31 北方华创的立式氧化炉

资料来源：引自北方华创官网

（2）光刻机

将掩膜版上的图形转移到涂有光刻胶的衬底（硅片）上，致使光刻发生反应，为下一步加工（刻蚀或离子注入）做准备。光刻决定了半导体线路的精度，以及芯片功耗与性能。一般的光刻工艺要经历硅片表面清洗烘干、涂底、旋涂光刻胶、软烘、对准曝光、后烘、显影、硬烘、激光刻蚀等工序。经过一次光刻的芯片可以继续涂胶、曝光。越复杂的芯片，线路图的层数越多，越需要更精密的曝光控制过程。

光刻机主要分为光学光刻式和非光学光刻式。前者如接触式光刻、接近式光刻、干涉式光刻、光学投影式光刻；后者如电子束光刻、X射线光刻、离子束光刻、原子力光刻、等离子体光刻。其中，光学投影式光刻机是目前半导体产业中使用最为普遍的光刻机类型。光学投影式光刻机系统一般包括照明系统、投影光学系统、自动对焦系统、调平调焦系统、掩膜系统、硅片传输系统、工作台系统、环境控制系统、框架减震系统、整机控制系统等多个子系统。

自20世纪70年代至今，光刻机已经经历了十余代的技术变革。工艺节点由1500nm的“微米级水平”发展到目前的65nm、45nm、22nm的“纳米级水平”，光源波长从 436nm 发展到 193nm，直至目前的极紫外（EUV）光刻技术，投影物镜的数值孔径由 0.35 增长到 1.65，晶圆硅片尺寸由 150mm 扩大到 450mm。除此之外，光刻机结构也发生了很大的变化，从早期的接触式、接近式到目前的步进扫描投影式，其性能与产率都得到了大幅提升。光刻机发展时代及技术特点见表 19。

表 19　光刻机发展过程

<table>
<tr><th>产品</th><th>首次商用</th><th>工艺节点</th><th>光源</th><th>波长</th></tr>
<tr><td>第一代</td><td>1978 年</td><td>1500nm</td><td>G-line 汞灯</td><td>436nm</td></tr>
<tr><td>第二代</td><td>1988 年</td><td>800nm</td><td rowspan="3">G-line 汞灯
I-line 汞灯</td><td rowspan="3">436nm
365nm</td></tr>
<tr><td>第三代</td><td>1991 年</td><td>500nm</td></tr>
<tr><td>第四代</td><td>1995 年</td><td>350nm</td></tr>
<tr><td>第五代</td><td>1997 年</td><td>250nm</td><td rowspan="2">准分子激光 KrF</td><td rowspan="2">248nm</td></tr>
<tr><td>第六代</td><td>1999 年</td><td>180nm</td></tr>
<tr><td>第七代</td><td>2001 年</td><td>130nm</td><td rowspan="4">准分子激光 ArF</td><td rowspan="4">193nm</td></tr>
<tr><td>第八代</td><td>2005 年</td><td>90nm</td></tr>
<tr><td>第九代</td><td>2007 年</td><td>65nm</td></tr>
<tr><td>第十代</td><td>2010 年</td><td>45nm</td></tr>
<tr><td>第十一代</td><td>2013 年</td><td>32nm</td><td rowspan="2">EUV</td><td rowspan="2">13.5nm</td></tr>
<tr><td>第十二代</td><td>2016 年</td><td>22nm</td></tr>
</table>

资料来源：IEK、中信证券研究部，联盟整理

晶圆生产线中最重要、最关键的半导体设备是光刻机，其先进程度直接决定了生产线的制程节点，光刻机及相关设备在晶圆生产线的设备成本构成中占比最高，约占 30%。上海微电子的光刻机如图 32 所示。

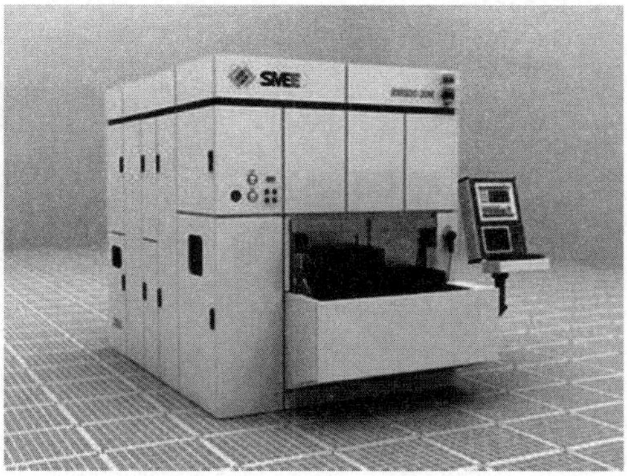

图 32　上海微电子的光刻机

资料来源：上海微电子官网

（3）涂胶/显影设备

涂胶/显影设备与光刻机联合作业，首先将光刻胶均匀地涂到晶圆上，满足光刻机的工作要求；然后，处理光刻机曝光后的晶圆，将曝光后的光刻胶中与紫外光发生化学反应的部分除去或保留下来。所用材料为光刻胶、显影液等。涂胶显影机一个样例如图 33 所示。

图 33　沈阳芯源的涂胶显影机

资料来源：沈阳芯源官网

（4）刻蚀机

刻蚀是决定特征尺寸的核心工艺技术之一，分为湿法刻蚀和干法刻蚀。湿法刻蚀采用化学腐蚀进行，是传统刻蚀工艺，它具有各向同性的缺点，因而精度较差，线宽一般在 3μm 以上。干法刻蚀是针对大规模集成电路的生产需要而开辟的精细化加工技术，它具有各向异性的特点，最大限度地保证了纵向刻蚀，还可以控制横向刻蚀，因此被广泛地应用在微处理器（CPU）、动态存储器（DRAM）和各种逻辑电路的制造之中。干法刻蚀又被分成三种：金属刻蚀、介质刻蚀和硅刻蚀。金属刻蚀主要是在金属层上去掉铝合金复合层，制作出互连线；介质刻蚀主要用于介质材料的刻蚀，如 SiO_2；硅刻蚀应用于刻蚀多晶硅晶体管栅和硅槽电容。

当向平板电极间施加高频电压时，会产生数百微米厚的离子层，放入式样后，离子高速撞击式样，实现化学反应刻蚀和物理撞击，从而实现半导体的加工成型。所用材料主要为特种气体。半导体刻蚀机的一个例子如图 34 所示。

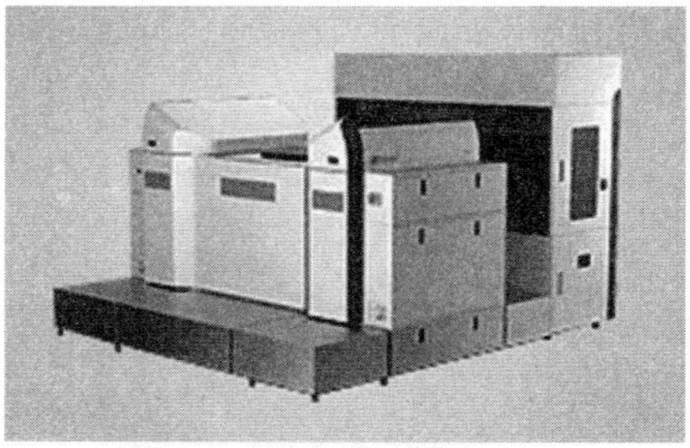

图 34　中微半导体的刻蚀机

资料来源：中微半导体官网

（5）离子注入机

离子注入机的作用是对半导体材料表面附近区域进行掺杂，其体积庞大、结构复杂。离子注入机包含气体系统、电机系统、真空系统、控制系统和射线系统。其中，射线系统是离子注入机最重要的部分，涉及离子源、萃取电极、质谱仪、后段加速系统、等离子注入系统及终端分析仪。根据离子注入机所能提供的离子束流大小可分为高电流离子注入机、中电流离子注入机，根据能量大小可分为高能量离子注入机、中能量离子注入机和低能量离子注入机。离子注入机原理示意图如图 35 所示。离子注入机的样例如图 36 所示。

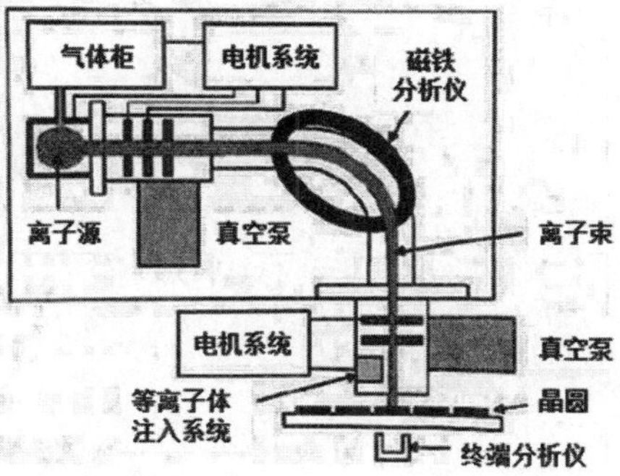

图 35　离子注入机示意图

资料来源：《半导体制造技术导论》，联盟整理

图 36　中国电子科技集团第四十八研究所的离子注入机

资料来源：中国电子科技集团第四十八研究所官网

（6）CVD 设备

CVD 又称化学气相沉积，是指把含有构成薄膜元素的气态反应剂或液态

反应剂的蒸气及反应所需的其他气体引入反应室，在衬底表面发生化学反应生成薄膜的过程。所用的材料为原料气体。CVD 设备的一个实例如图 37 所示。

图 37　北方华创的 CVD 设备

资料来源：北方华创官网

（7）PVD 设备

PVD 又称物理气相沉积，是通过二极溅射中一个平行于靶表面的封闭磁场，和靶表面上形成的正交电磁场，把二次电子束缚在靶表面的特定区域，实现高离子密度和高能量的电离，把靶原子或分子高速率溅射沉积在基片上形成薄膜。所用的材料为靶材、惰性气体等。PVD 设备的一个实例如图 38 所示。

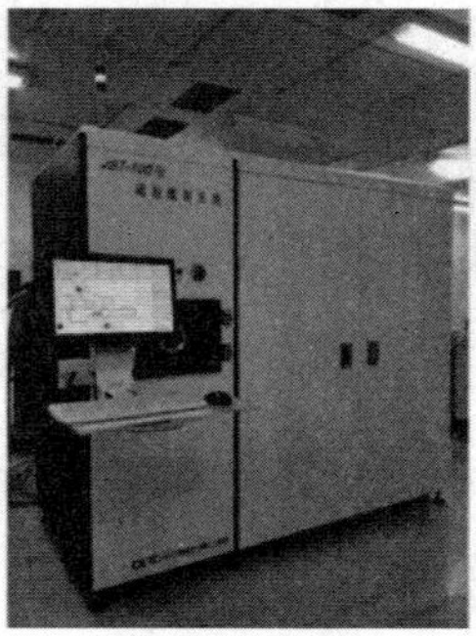

图 38　中国电子科技集团第四十八研究所的 PVD 设备

资料来源：中国电子科技集团第四十八研究所官网

（8）CMP 设备

CMP 又称化学机械研磨，是通过机械研磨和化学液体溶解“腐蚀”的综合作用，对被研磨体（半导体）进行研磨抛光。在一定压力及抛光浆料存在下，被抛光工件相对于抛光垫运动，借助于纳米粒子的研磨作用与氧化剂的腐蚀作用之间的有机结合，在被研磨的工件表面形成光洁表面。所用材料为抛光液、抛光垫等。CMP 设备的样例如图 39 所示。

图 39　华海清科的 CMP 设备

资料来源：华海清科官网

在 CMP 过程中，先让浆料填充在研磨垫的空隙中，并提供高转速的条件，让晶圆在高速旋转下与研磨垫、研磨液中的粉粒作用，同时控制下压的压力等其他参数。CMP 的组成设备分为两部分，即研磨部分和清洗部分。其中，研磨部分由四部分组成，即研磨液的引入、循环研磨过程的监控、研磨耗材及研磨运动组件。抛光磨料的种类、物理化学性质、粒径大小、颗粒分散度及稳定性等均与抛光效果紧密相关。此外，抛光垫的属性（如材料、平整度等）也极大地影响着化学机械抛光的效果。

（9）电镀设备

电镀设备主要用于表面剥离、去除杂质等方面。上海新阳 SYM-HEP 系列高效节能自动电镀线如图 40 所示。

图 40　上海新阳 SYM-HEP 系列高效节能自动电镀线

资料来源：上海新阳官网

3. 封装测试

广义的封装是指，将封装体与基板连接固定，形成完整的系统，并确保整个系统性能的工程。狭义的封装是指，利用薄膜技术、细微加工技术等，将芯片在基板上布局、固定及连接，引出接线端子，并用可塑性绝缘介质灌封形成电子产品的过程。封装的目的是，保护芯片免受损伤，保证芯片的散热性能，实现电能和电信号的传输，确保系统正常工作。

从封装形式发展史来看，引线框架（LF，Leadframe）封装在 20 世纪 80 年代得到大规模普及，而球状引脚栅格阵列（BGA，Ball Grid Array）封装诞生于 20 世纪 90 年代，引线框架封装以及 BGA 封装通常被认为是传统封装。而后续发展出的倒装（Flip chip）、扇出型封装（fan-out）、系统级封装（SIP）等，则被认为是先进封装。目前，传统封装是主要的封装方式，2016 年传统封装占据了封装市场的 54.7%，其次为倒晶封装（先进封装的一种），占比为 37.7%。2016 年封装市场规模占比如图 41 所示。

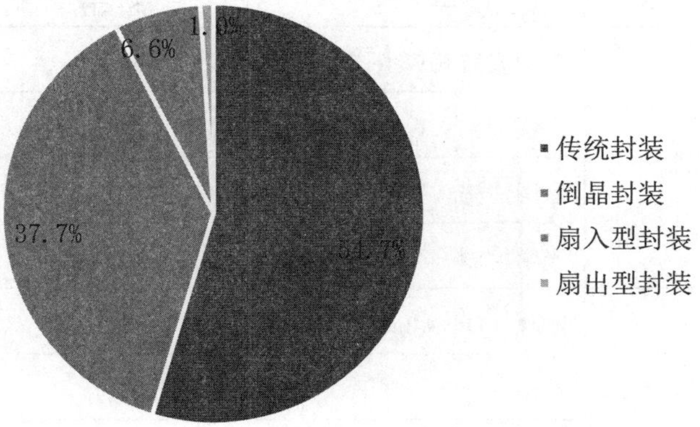

图 41 2016 年封装市场规模占比

数据来源：Gartner、Yole，联盟整理

传统封装（后道）测试工艺可以大致分为背面减薄、晶圆切割、贴片、引线键合、模塑、电镀、切筋/成型和终测八个主要步骤。与晶圆制造（前道）相比，后道封装相对简单，技术难度较低，对工艺环境、设备和材料的要求远低于晶圆制造。传统封装的主要步骤及所需设备和材料见表 20。

表 20 传统封装的主要步骤及所需设备和材料

主要步骤	工 艺	设 备	材 料
背面减薄	进料检测（IQC）	检测设备	
	贴膜（Wafer tape）	贴膜机	蓝膜/TAPE 麦拉
	背面研磨	减薄机	研磨液、砂轮
	测量	厚度/粗糙度测量仪	
	剥膜（Detape）	剥膜机	

（续表）

主要步骤	工　艺	设　备	材　料
晶圆切割	晶圆安装（Wafer Mount）	晶圆安装	粘膜
	晶圆切割（Wafer Saw）	晶圆切割	划片刀、划片液
	晶圆清洗（Wafer Wash）	清洗设备	
	光学检测	AOI	
贴片	贴片（Die Attach）	贴片机	引线框、基板等
	粘贴	贴片机	环氧树脂、焊料
	固化（Cure）	烤箱	特种气体
引线键合	引线键合（Wire Bond）	引线键合机	金/铜线
	清洗	微波/等离子清洗机	特种气体
	光学检测	AOI	
模塑	等离子体清洗	等离子体清洗机	特种气体
	注塑（Molding）	注塑机	塑封料/胶/磨具等
	激光打标（Laser Mark）	激光打标机	
	烘烤（Post Mold Cure）	烤炉	
	检测	X-ray	
电镀	去溢料/电镀（De-flash/Plating）	电镀设备	电镀液
	退火（Annealing）	退火炉	特种气体
切筋/成型	切筋/成型（Trim/Form）	切筋成型设备	
	光学检测	AOI	
终测	终测（Final Test）	测试设备	

资料来源：招商证券，联盟整理

测试主要是对芯片外观、性能等进行检测，确保产品的质量符合要求，测试贯穿制造和封装的全过程。测试主要包括芯片设计中的设计验证、晶圆制造中的晶圆检测和封装完成后的成品测试，测试设备主要包括测试机、分选机和探针台等。测试机是检测芯片功能和性能的专用设备，测试机对芯片施加输入信号，采集被检测芯片的输出信号，与预期值进行比较，判断芯片在不同工作条件下功能和性能的有效性。分选机和探针台是将芯片的引脚与测试机的功能模块连接起来并实现批量自动化测试的专用设备。在设计验证和成品测试环节中，测试机需要和分选机配合使用；在晶圆检测环节中，测试机需要和探针台配合使用。

全球封装与测试市场可分为 IDM 封装、专业代工封装、IDM 测试、专业代工测试四个细分市场。据 Gartner 数据显示，2016 年全球封装与测试产业市场规模合计 497.7 亿美元。其中，专业代工封装占全球封装测试市场的比例为 41%，IDM 封装占比 38.2%，专业代工测试占比 11%，IDM 测试占比 9.8%。

三、下游应用领域

IGBT 在新能源汽车、工业、消费电子、轨道交通、智能电网等领域均有广泛应用。全球 IGBT 器件主要应用于新能源汽车领域和工业领域，占比分别为 30%与 29%；其次为消费电子领域，占比为 11%；应用于轨道交通和智能电网领域的 IGBT 占比分别为 7%与 6%。全球 IGBT 应用领域分布如图 42 所示。

IGBT 广泛应用于工业民用各个领域。在新能源汽车领域，主要用于电动控制系统、车载空调控制系统、充电桩逆变器；在工业领域主要用作变频器、逆变焊机等。在消费电子领域，主要用作数码相机闪光灯、手机及电脑电路板等。在轨道交通领域，主要用于牵引变流器和辅助变流器；在智能电网领域发电端用于光伏发电中的逆变器、风力发电中的变流器，输变电端用于柔性直流输电系统中换流阀、无功补偿装置、电力电子变压器。在用电端用于家用白电、微波炉、LED 照明驱动。不同领域 IGBT 应用见表 21。

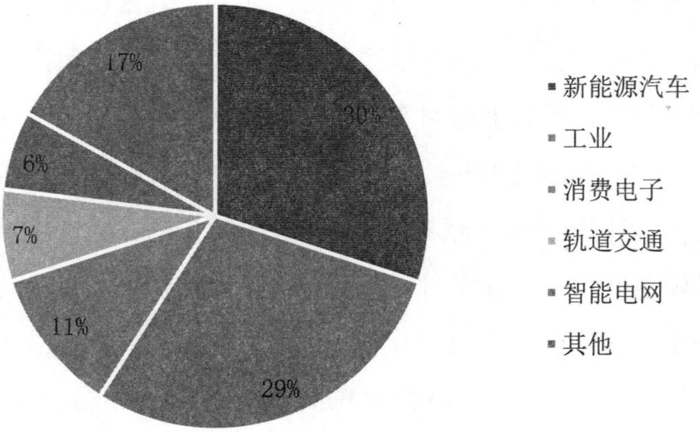

图 42　全球 IGBT 应用领域分布

数据来源：世界半导体贸易统计协会，联盟整理

表 21　不同领域 IGBT 应用点

<table>
<tr><th colspan="2">领　域</th><th>主要应用</th></tr>
<tr><td colspan="2">新能源汽车</td><td>电动控制系统、车载空调控制系统、充电桩逆变器</td></tr>
<tr><td colspan="2">工业</td><td>变频器、逆变焊机等</td></tr>
<tr><td colspan="2">消费电子</td><td>数码相机闪光灯、手机及电脑电路板等</td></tr>
<tr><td colspan="2">轨道交通</td><td>牵引变流器和辅助变流器</td></tr>
<tr><td rowspan="3">智能电网</td><td>发电端</td><td>光伏发电中的逆变器、风力发电中的变流器</td></tr>
<tr><td>输变电端</td><td>柔性直流输电系统中换流阀、无功补偿装置、电力电子变压器</td></tr>
<tr><td>用电端</td><td>家用白电、微波炉、LED 照明驱动</td></tr>
</table>

资料来源：公开信息，联盟整理

目前IGBT的市场应用按照电压等级主要分为三类：一是电压600V以下，主要应用于数码相机闪光灯、汽车点火器等；二是电压 600～1700V，主要应用于家电、新能源汽车、太阳能逆变器等；三是电压1700～6500V，主要应用于智能电网、轨道交通、风力发电等。按电压分布的IGBT应用如图43所示。

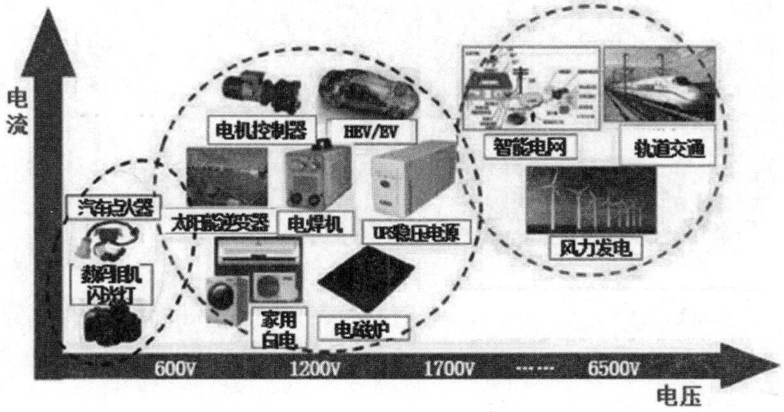

图43 按电压分布的IGBT应用

资料来源：中国中投证券研究总部，联盟整理

1. 新能源汽车

IGBT 是新能源汽车动力系统核心中的核心，主要控制电流的开关和转换，以保证汽车在频繁加减速等复杂工况下的安全可靠运行，被誉为电动汽车的“芯片”。IGBT 在新能源汽车中主要应用于电动控制系统、车载空调控制系统、充电桩逆变器三个子系统中，约占整车成本的7%～10%，是除电池以外成本第二高的元件，也是决定整车能源效率的关键器件。电动控制系统是大功率直流/交流（DC/AC）逆变，驱动汽车电机；车载空调控制系统是小功率直流/交流（DC/AC）逆变，使用电流较小的IGBT和FRD；IGBT模块主要用于充电桩的逆变器中，即将直流电逆变为指定频率的交流电，让IGBT把外接的交流电转换为可充电的直流电，IGBT是汽车充电桩的核心部

件，约占充电桩成本的 15%。混合动力（HEV）/纯电动（EV）汽车可用半导体产品如图 44 所示。

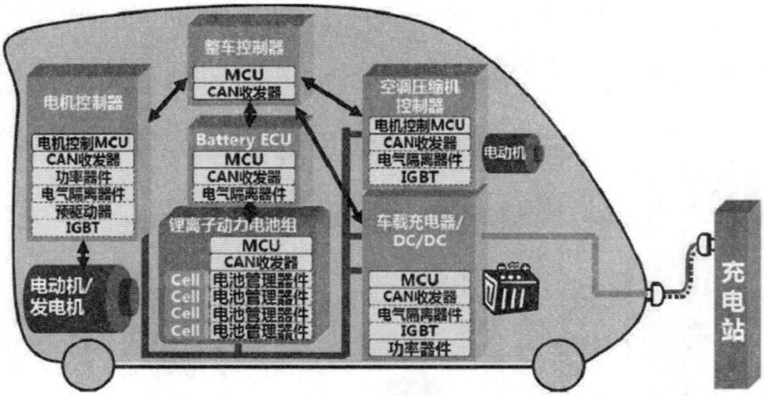

图 44 混合动力（HEV）/纯电动（EV）汽车可用半导体产品

资料来源：中国中投证券研究总部

IGBT 是电机驱动系统的核心元件，在车辆的每一次加减速过程中 IGBT 都发挥着举足轻重的作用，目前我国电动汽车电机控制器需求量至少 38 万套，市场规模超过 63 亿元左右，主要由国产品牌占据，外资产品因其价格较高等原因，在市场的培育和初期发展阶段所占份额较小。

与工业应用相比，新能源汽车对电机驱动系统的功率密度、驱动效率及高效区范围等要求更高，同时还存在以下技术难点：

（1）车辆运行时，特别是在城市内行驶时频繁启停，此时控制器中 IGBT 模块工作电流随之升降，电流的这种快速变化会导致 IGBT 结温的快速变化；车辆长时间停靠后重新运行时也会引起 IGBT 壳温的变化。这些因素都会影响 IGBT 的使用寿命。

（2）采用永磁同步电机驱动的电动汽车启动、驻坡时，电机工作在近似堵转工况，此时电机控制器中部分 IGBT 芯片持续承受大电流，会造成模块的局部过热，为散热设计带来了挑战。

（3）由于道路的复杂性，汽车级 IGBT 模块在车辆行驶中会受到较大的振动和冲击，因此对于模块各引线端子的机械强度要求较高。

（4）有限的车载空间对电机控制器、IGBT 模块的功率密度提出了更高要求。电动汽车电机控制器、IGBT 模块的部分参数见表 22。

表 22 电动汽车电动机控制器、IGBT 模块的部分参数

应用要求	电机控制器	IGBT 模块
海拔	≥4000m	≥4000m
环境温度	纯电动：−40～85℃； 混合动力：−40～105℃	结温≥175℃
振动范围	≥10g	≥10g
寿命	乘用车：≥10 年，240 000km 商用车：≥8 年，600 000km	温度循环：25～105℃，≥20 000 次；同等条件下工业级：5000 次 功率循环：ΔT_j=60K，T_{jmax}150℃，≥150 000 次；工业级：ΔT_j=60K，T_{jmax}125℃，125 000 次
功率密度	≥17kW/L	汽车级 IGBT 或定制模块
效率	≥98%	——
功率等级	额定：30～135kW 峰值：55～220kW	300～820A
电压等级	直流电压 384～540V	650～1200V
频率	——	4～10kHz

资料来源：《大功率变流技术》2017 年第 5 期、郭淑英等《电动汽车 IGBT 的研究与应用》，联盟整理

车用电机一般可分为直流电机、交流异步电机、永磁同步电机和开关磁阻电机等。目前，在新能源汽车上应用较多的是交流异步电机和永磁同步电

机。直流电机可靠性一般、体积较大，且转速很难满足新能源汽车的需求，预计直流电机未来将逐步被淘汰。交流异步电机较为成熟、结构简单牢固、适于高速旋转，且免维护、成本较低，但效率及功率因数低于永磁电机、低速启动性能一般，多应用于客车和大巴。永磁同步电机具有高功率、体积小、运行稳定性高和过载能力大等优点，同时在噪声及控制精度环节更胜一筹。目前，永磁同步电机运用最为广泛。典型电机性能特性见表 23。

表 23　典型电机性能特性

性能及类型	直流电机	交流异步电机	永磁同步电机	开关磁阻电机
转速范围（r/min）	4 000～6 000	12 000～20 000	4 000～10 000	>15 000
功率密度	低	中	高	较高
电机重量	重	中	轻	轻
电机体积	大	中	小	小
可靠性	一般	好	优	好
结构室固性	差	好	好	好
噪声	较好	好	好	较差
控制器成本	低	高	高	一般

资料来源：国金证券研究所，联盟整理

目前国内乘用车主要采用永磁同步电机，东风、奇瑞、长安、一汽和上汽等汽车公司生产的混合动力轿车、客车则主要采用交流异步电机。乘用车电机控制器对 IGBT 功率器件等级要求为电流 300～800A，电压 650V、750V、1200V；商用车电机控制器对 IGBT 功率器件等级要求为电流 600～1400A，电压 1200～1700V。

从国产厂商来看，主要分为两类：一类是电动汽车整车企业，其生产的电动汽车电机控制器一般供给其整车产品，如比亚迪公司、北汽新能源公司。

这类整车企业通常具备较强的综合实力，通常自主研发生产电动汽车电机控制器，或者选择以自主研发生产为主，适当采购零部件企业的产品。另一类是电动汽车零部件企业，其生产的电动汽车电机控制器一般供给特定或非特定的整车企业，如中山大洋电机公司、上海电驱动公司。国内新能源汽车电机主要企业见表 24。

表 24　国内新能源汽车电机主要企业

电机企业		配套汽车厂商
整车企业	北汽新能源	北汽新能源
	比亚迪	比亚迪
零部件企业	中山大洋电机	北京现代、北汽福田、北汽新能源、长安、华泰、吉利、上汽、江淮、奇瑞、中通、宇通
	方正电机	华泰、众泰、宇通、吉利、厦门金旅、广西源正
	上海大郡	北汽新能源、东风
	深圳大地和	海马
	大陆汽车系统	广汽丰田、上汽通用
	电装（中国）	广汽丰田
	信质电机	法雷奥、日立

资料来源：国金证券研究所，联盟整理

据估计，比亚迪以 28.6%的市场占有率（按出货量计）成为中国电动乘用车电机控制器市场最大的厂商，其主要通过外购 IGBT 模块集成电机控制器，供应自身乘用车生产基地。

在客车领域，整车企业电机控制器的研发经验不足，一般选择外购电动汽车电机控制器，少数规模较大的整车企业会选择自主研发生产或者自主研发生产与外购相结合的方式。我国主要电动客车车企及上游合作电机控制器厂商见表 25。

表 25 我国主要电动客车车企及上游合作电机控制器厂商

整车企业	电 动 机	电机控制器厂商
一汽新能源	美国伊诺华、上海电驱动、纽贝尔、大洋电机	一汽、纽贝尔、大洋电机
北汽福田	美国伊顿、大洋电机、纽贝尔	大洋电机、上海电驱动
五洲龙	大连天元电机、上海大郡、五洲龙	上海大郡、蓝海华腾、五洲龙
中车	中车时代	中车时代
宇通	万向、江特电机、天津松正	天津松正、福工动力、蓝海华腾
厦门金旅	厦门金旅、尤迪电机	厦门金旅、福工动力、蓝海华腾
中通客车	上海大郡、上海南洋电机、天津松正	上海大郡、上海瑞华、天津松正
厦门金龙	上海南洋电机、尤迪电机	福工动力、蓝海华腾
申沃	万向	蓝海华腾、福工动力

资料来源：NCG，联盟整理

2. 轨道交通

在轨道交通尤其是高铁中，IGBT 的作用十分重要，是轨道交通车辆牵引变流器和各种辅助变流器的主流电力电子器件，可以说是列车运行的“心脏”。高铁在加速、减速过程中，相关传动设备、牵引变流器及其他电动设备，要在短暂的时间内完成一系列复杂的高难度动作，IGBT 就应用于此，以确保其具有精准、可靠的电流和电压。动车组 IGBT 器件等级及数量见表 26。各型号电力机车 IGBT 器件等级及数量见表 27。IGBT 在轨道牵引中的应用见表 28。

表 26 动车组 IGBT 器件等级及数量

型 号	200km/h 等级			300km/h 等级	
	CRH1	CRH2	CRH5	CRH3	CRH2
IGBT 等级	3300V 1200A	3300V 1200A	6500V 600A	6500V 600A	3300V 1200A
IGBT 数量（个/列）	80	80	150	128	100

数据来源：公开信息，联盟整理

表 27 各型号电力机车 IGBT 器件等级及数量

	HXD1	HXD2	HXD3	HXN3	HXN5
IGBT 等级	3300V 1200A	3300V 1200A	4500V 900A	4500V 1200A	2400V 2200A
IGBT 数量（个/列）	88	80	66	24	36

资料来源：中国中投证券研究总部，联盟整理

表 28 IGBT 在轨道牵引中的应用

电压定额	电流定额	制造厂家	型 号	应用领域	应用实例
1200V	330A	ABB	5 SNS 0300U120100	辅助变流器	——
		英飞凌	BSM300GA120DN2S		
1700V	1600A	ABB	5 SNA 1600N170100	DC750V 供电的地铁、轻轨	北京地铁
		三菱	CM1600HC-34H		
		英飞凌	FZ1600R17KE3_B2		
	2400A	ABB	5 SNA 2400E170100		
		三菱	CM2400HC-34N		
		英飞凌	FZ2400R17KE3_B2		

（续表）

电压定额	电流定额	制造厂家	型　号	应用领域	应用实例
3300V	800A	ABB	5 SNA 0800N330100	DC1500V 供电的地铁、轻轨及机车	上海地铁
		三菱	CM800HC-66H		
		英飞凌	FZ800R33KL2C_B5		
		东芝	MG800FXF1US53		
	1200A	ABB	5 SNA 1200E330100	DC1500V 供电的地铁、轻轨及中间电压为 DC1800V 机车、动车	CHR2 动车组、HXD1 大功率机车
		三菱	CM1200HG-66H		
		英飞凌	FZ1200R33KL2C_B5		
		东芝	ST1200FXF22		
4500V	900A	三菱	CM900HB-90H	中间电压为 DC2500V 的机车、动车	HXD3 大功率机车
		东芝	MG900GXH1US53		
		WESTCODE	T0900EA45A		
6500V	600A	ABB	5 SNA 0600G650100	中间电压为 DC3500V 的机车、动车	HXD2 大功率机车、CRH3 动车组
		英飞凌	FZ600R65KE3_B3		

资料来源：公开资料，联盟整理

截止到2017年，动车组和电力机车分别增长到近3600组和8000台以上。按照中国铁路市场每年最少需求动车300列、机车500台计算，中国铁路市场IGBT产品最保守年需求量为12万只以上。在地铁牵引、城际快轨和城际轻轨方面，基于高速铁路变流器引起技术的平台，技术国产化水平的提高，需求量也不断增加。目前，城市轨道交通线路每年大约建设10条线左右，需要300列城轨车辆，轨道交通市场IGBT产品的需求量约为每年6万只。

3. 智能电网

IGBT 广泛应用于智能电网的发电端、输变电端及用电端。从发电端来看，光伏发电中的逆变器和风力发电中的变流器都需要使用 IGBT 模块。从输电端来看，特高压直流输电中 FACTS 柔性输电技术需要大量使用 IGBT 等功率器件，采用 IGBT 的 FACTS 柔性输电技术可提高能效并降低损耗。从变电端来看，IGBT 是电力电子变压器（PET）的关键器件，IGBT 换流器使 PET 实现电压全控制和小型化。从用电端来看，家用白电、微波炉、LED 照明驱动等都对 IGBT 有大量的需求。

（1）光伏发电

光伏逆变器是光伏发电系统中不可缺少的重要组成部分，可以分为并网逆变器、离网逆变器、微网储能逆变器三大类，其中并网逆变器按照功率和用途可分为微型逆变器、组串式逆变器、集中式逆变器、集散式逆变器四大类。

IGBT 是逆变器的重要部件，决定着逆变器的性能。逆变器通常由 IGBT 模块、续流二极管、IGBT 栅极驱动器、驱动保护、滤波电容、散热器、隔离器和 MCU 构成。对于光伏发电系统而言，逆变器的成本占光伏系统成本的 5%～20%。晶体硅太阳能光伏发电产业链如图 45 所示。

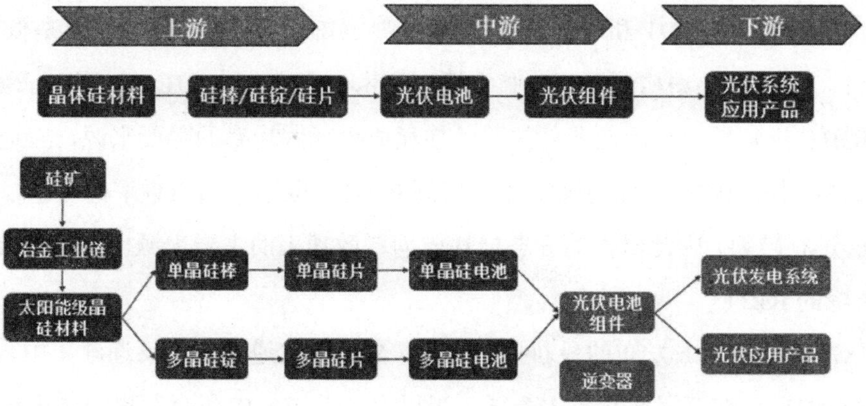

图 45　晶体硅太阳能光伏发电产业链

资料来源：长城国瑞证券研究所，联盟整理

根据光伏逆变器功率的不同，对 IGBT 的电压、电流，以及封装形式的要求有所不同。一般而言，1～5kW 单项逆变回路的 IGBT 选用 600V 额定电压，根据功率计算所需额定电流一般在 75A 以下，可选用分立 IGBT（即单管封装）或三相桥及 H 桥。10～500kW 的三项逆变器则一般选用 1200V 额定电压，根据功率计算所需额定电流一般在 60～2400A，可以选用 1 单元和半桥等电路的封装。全桥拓扑的典型光伏逆变器架构如图 46 所示。

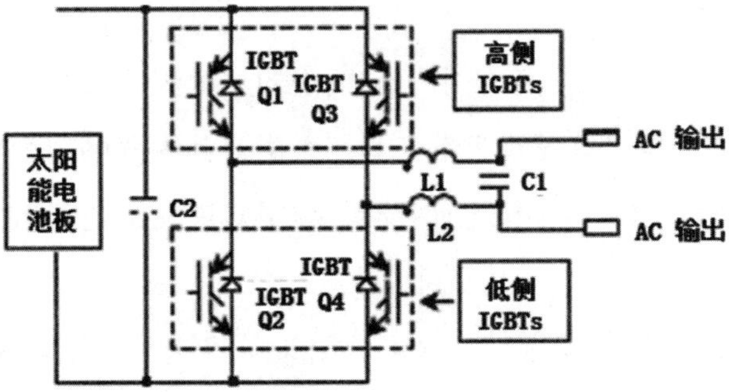

图 46　全桥拓扑的典型光伏逆变器架构

资料来源：公开信息，联盟整理

在图 46 中，Q1 和 Q3 被指定为高侧 IGBT，而 Q2 和 Q4 则是低侧 IGBT。这种拓扑结构利用正弦脉宽调制技术，在高于 20kHz 情况下，为高侧 IGBT 进行转换，因此器件的开关损耗成为耗散功率的主要来源，应选择开关损耗小的 IGBT；而对面支线的低侧 IGBT，取决于输出频率的要求，在 50Hz 进行转换，因此器件的静态损耗成为耗散功率的主要来源，应选择低通态压降的 IGBT。

GTM Research 发布的最新报告显示，全球光伏逆变器市场逐渐集中，排名前五的厂商逆变器出货量占全球一半以上。其中，中国企业华为技术有限公司自 2015 年起保持领先地位，2016 年，光伏逆变器出货量为 10 500MW。2016 年全球光伏逆变器出货量前十企业见表 29。2016 年中国光伏逆变器企业20强见表30。

表29 2016年全球光伏逆变器出货量前十企业

排　名	名　称
1	华为技术有限公司
2	阳光电源股份有限公司
3	艾思玛太阳能技术股份公司
4	东芝三菱电机产业系统株式会社
5	ABB集团
6	上能电气股份有限公司
7	特变电工新疆新能源股份有限公司
8	施耐德电气有限公司
9	通用电气公司
10	SolarEdge技术公司

资料来源：solarzoom，联盟整理

表30 2016年中国光伏逆变器企业20强

排　名	名　称	出货量（MW）
1	华为技术有限公司	10500
2	阳光电源股份有限公司	8907
3	特变电工西安电器科技有限公司	4000
4	上能电气股份有限公司	3500
5	厦门科华恒盛股份有限公司	1300
6	深圳科士达科技股份有限公司	961

（续表）

排　名	名　称	出货量（MW）
7	上海正太电源系统有限公司	870
8	广东易事特电源股份有限公司	627
9	深圳古瑞瓦特新能源股份有限公司	580
10	江苏宝丰新能源科技有限公司	550
11	江苏兆伏爱索新能源有限公司	530
12	宁波锦浪新能源科技股份有限公司	500
13	湖北追日电气股份有限公司	490
14	北京能高自动化技术股份有限公司	480
15	深圳市中兴昆腾有限公司	400
16	江苏固德威电源科技股份有限公司	323
17	上海兆能电力电子技术有限公司	320
18	山艺新能源股份有限公司	300
19	深圳禾望电气有限公司	270
20	广州三晶电气有限公司	120

数据来源：solarzoom，联盟整理

（2）风力发电

风电变流器是风电机组的核心部件之一，风电变流器可以优化风力发电系统的运行，实现宽风速范围内的变速恒频发电，改善风机效率和传输链的工作状况，减少发电机损耗，提高运行效率，提升风能利用率。

在风电变流器中 IGBT 的开关频率较低，应选择低饱和压降的 IGBT 器件。双馈风力发电变频器一般功率为 400～2000kW，一般采用四象限

AC-DC-AC 变频器，网侧 690V AC，直流母排 1100V DC，IGBT 器件的开关频率为 2～4kHz。根据直流侧电压和冗余的考虑，一般选用 1700V IGBT。而全功率的变频器最高可达 5～6MW，根据其容量，直流母排 1100V DC 情况下，IGBT 选型与上述情况一致，随着容量的增加。当直流母排 2200V DC，网侧 1380V AC 时，IGBT 器件的开关频率为 2～4kHz，一般选择 1700V 三电平 IGBT 模块。在直流母排 3675V 和 6650V DC 情况下，IGBT 的开关频率在 0.5～1kHz，电压分别选择 3.3kV 和 6.5kV。双馈风力发电变流器的拓扑示意图如图 47 所示。

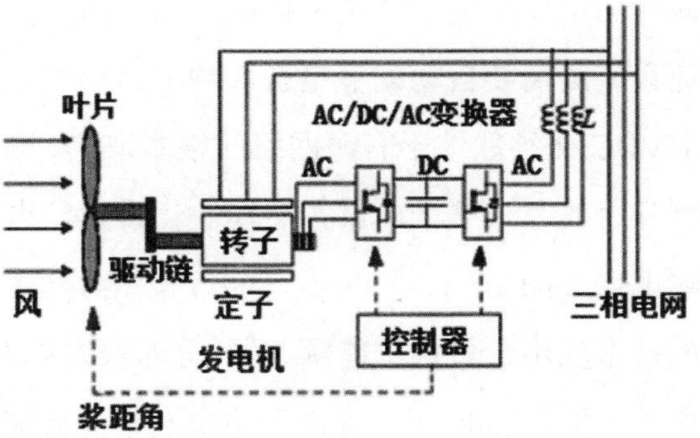

图 47　双馈风力发电变流器的拓扑示意图

资料来源：公开信息，联盟整理

1700V IGBT 产品主要应用于风电变流装置中，它是风电变流器的核心部件，风电产业为 IGBT 产品的发展提供了广阔的发展空间。我国大力推行绿色能源工程以来，风电产业蓬勃发展，风电装备产业进入迅猛发展阶段，1700V IGBT 产品作为风电装备的主要部件，其应用市场也在不断扩大。近年来，我国风电变流器市场的需求量约 10 000 台，按每台需 12 只 IGBT 估算，IGBT 产品在风电系统方面年需求量应在 10 万只以上。

目前，我国风电变流器市场主要由国外品牌占据，自主品牌占有率较低。

由于风电变流器技术复杂、门槛较高，内资企业中仅有一些实力较强和技术积淀深厚的企业在研制，尚未完全实现国产化。国产 1.5MW、2MW 控制系统和变流器已经批量生产，已能满足国内风电整机配套需要。部分风电变流器制造商如深圳市禾望电气股份有限公司、浙江海得新能源有限公司、阳光电源股份有限公司等已推出 3～5MW 海上风电变流器。

（3）输变电端

压接型 IGBT 器件以其耐受电压高、电流密度大、控制功率低、开关速度快，加之双面散热等优势，使其成为柔性直流输电系统中换流阀的理想器件，可实现交流侧输出电压与电流的精确控制。控制系统采用脉宽调制技术控制，可根据交流系统的需要自动调节电压、频率、功率。这种新型输电系统能够克服传统 HVDC 必须联结于有源网络的根本缺陷，可向无源网络供电，设计容量从几兆到几百兆瓦，整个电站按照模块化设计，占地面积仅约为同等容量传统直流输电电站的 20%。

柔性直流输电技术应用于可再生能源并网、分布式发电并网、孤岛供电、大型城市电网供电等方面。2006 年，国内开始研发柔性直流输电系统；2011 年，我国自主研发的上海南汇风电场柔性直流输电工程投入运行；2013 年，南澳多端柔性直流输电工程投入运行。预计到 2020 年，柔性输电系统规模约为 4000 亿。换流阀作为柔性输电系统的核心设备，其价值约占系统成套设备总价的 22%～25%，而换流阀中的主要器件就是 IGBT 产品，其成本占换流阀成本的一半左右。

采用 IGBT 器件的静止同步补偿器（Static Synchronous Compensator，STATCOM）、统一电能质量调节器、统一潮流控制器等新型无功补偿装置，具有可靠性高、体积小、控制灵活、调节范围大等特点，与静止无功补偿装置等采用半控器件的灵活交流输电设备相比，能够更快速、更有效地达到补偿系统中的无功功率和调节系统潮流的作用。STATCOM 的感性和容性运行状态均连续快速可调，其运行范围比传统静止无功补偿装置大。

电力电子变压器（PET）是用于输变电端中能量传输以及电压转换的主要设备之一。近年来，随着电力电子技术的发展，新型的电力电子变压器得到了较大的发展以及应用，在很大程度上提升了电能的传输质量，成为了现代智能配电网建设的主要设备之一。IGBT 是 PET 的关键器件，IGBT 换流器使 PET 电压全控制和小型化成功实现。PET 是利用电力电子变换技术和电磁感应原理进行电能传输的电力设备，其采用高频变压器替代工频变压器。PET 的电力电子器件构成包括初级、次级功率变换器以及联系二者之间的高频变压器。输入工频交流电经过初级变换器调制为高频交流电，再通过高频变压器一次侧绕组、二次侧绕组，将高频交流电耦合产生感应电动势，并经过二次侧绕组将感应电动势施加到次级变换器，最后次级变换器将流过的高频交流电转换为工频交流电，供给负荷。PET 工作原理如图 48 所示。

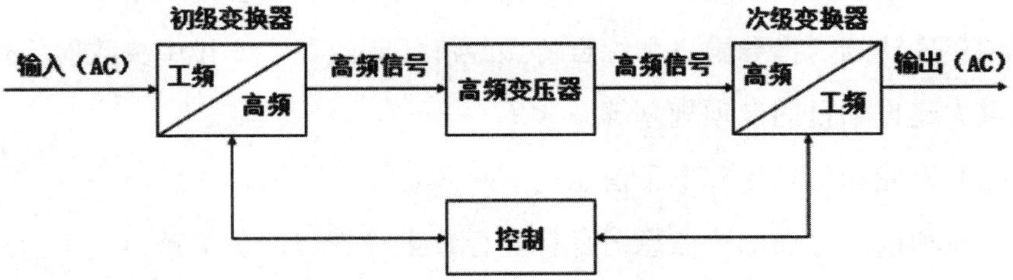

图 48　PET 工作原理

资料来源：公开信息，联盟整理

（4）用电端

IGBT 主要应用于变频家电中的变频器，IGBT 是变频器的关键零部件。变频器是目前最理想的电机节能设备，有着极为广阔的应用空间。通过应用变频调速技术，变频器能够调节电机转速，使电机在最节能的转速下运行，大大降低运行时的电能消耗，常见的变频家电有变频冰箱、变频洗衣机等。

第二节　产业政策环境

一、主体与职责

1. 相关政府主体及职责

电子元器件产业的相关主管部门主要包括国家发改委、工业和信息化部、国务院发展研究中心等。

（1）国家发改委

国家发改委主要负责拟订并组织实施国民经济和社会发展战略、中长期规划和年度计划，指导推进和综合协调经济体制改革，安排中央政府投资和涉及重大建设项目的专项规划等。

（2）工业和信息化部电子信息司

工业和信息化部电子信息司是行业行政主管部门，负责承担电子信息产品制造的行业管理工作，组织协调重大系统装备、微电子等基础产品的开发与生产，组织协调国家有关重大工程项目所需配套装备、元器件、仪器和材料的国产化，制定产业政策和产业规划，对行业发展方向进行规范和调控，促进电子信息技术推广应用。

（3）国务院发展研究中心

国务院发展研究中心主要负责研究国民经济、社会发展和改革开放中的全局性、综合性、战略性、长期性、前瞻性，以及热点、难点问题，为党中央、国务院提供政策建议和咨询意见。

2. 非政府团体及职责

行业中相关行业组织机构包括中国电子元件行业协会、中国半导体行业协会等，主要为行业提供相关信息、基础性服务等。

（1）中国电子元件行业协会

中国电子元件行业协会（CECA）成立于 1998 年，是由电子元件行业的企（事）业单位自愿组成的、全国性的非营利性社会团体，业务主管部门为工业和信息化部。CECA 主要职责包括：协助政府部门进行行业管理；提出行业发展建议，参与行业发展规划；加强行业自律，维护市场环境；服务行业企业，开展国内外经济技术交流与合作；组织新产品鉴定、科研成果评定、行业标准制定和质量监督等。

（2）中国半导体行业协会

中国半导体行业协会于 1990 年 11 月 17 日成立，是由全国半导体界从事集成电路、半导体分立器件、半导体材料和设备的生产、设计、科研、开发、经营、应用、教学的单位及其他相关的企（事）业单位自愿参加的、非营利性的、行业自律的全国性社会团体。中国半导体行业协会宗旨是按照国家的宪法、法律、法规和政策开展本行业的各项活动；为会员服务，为行业服务，为政府服务；在政府和会员单位之间发挥桥梁与纽带作用；维护会员单位和本行业的合法权益，促进半导体行业的发展。

二、国家发展规划及行业政策

1. 国家发展规划及行业政策概况

自 2006 年《国家中长期科学和技术发展规划纲要（2006—2020 年）》中明确将核心电子器件作为未来 5～15 年重点发展的重大专项之一以来，国家颁布了一系列发展规划及行业政策予以支持。国家 IGBT 产业相关发展规划及行业政策见表 31。

表 31 国家 IGBT 产业相关发展规划及行业政策

时 间	名 称	发布单位
2006 年 2 月	《国家中长期科学和技术发展规划纲要（2006—2020 年）》	国务院
2012 年 6 月	《节能与新能源汽车产业发展规划（2012—2020 年）》	国务院
2014 年 6 月	《国家集成电路产业发展推进纲要》	国务院
2015 年 5 月	《中国制造 2025》	国务院
2015 年 10 月	《电动汽车充电基础设施发展指南（2015—2020 年）》	国家发展改革委、国家能源局、工业和信息化部、住房城乡建设部
2016 年 7 月	《“十三五”国家科技创新规划》	国务院
2016 年 9 月	《鼓励进口技术和产品目录（2016 年版）》	国家发改委、财政部、商务部
2016 年 12 月	《工业强基工程实施指南（2016—2020 年）》	工业和信息化部、国家发改委、科技部、财政部
2016 年 12 月	《新材料产业发展指南》	工业和信息化部、国家发改委、科技部、财政部
2016 年 12 月	《太阳能发展“十三五”规划》	国家能源局
2016 年 12 月	《能源技术创新“十三五”规划》	国家能源局
2017 年 4 月	《“十三五”材料领域科技创新专项规划》	科技部
2017 年 4 月	《“十三五”先进制造技术领域科技创新专项规划》	科技部
2018 年 1 月	《光伏制造行业规范条件（2018 年本）》	工业和信息化部

资料来源：公开信息，联盟整理

2006 年 2 月，国务院印发《国家中长期科学和技术发展规划纲要（2006—2020 年）》，明确将核心电子器件、高端通用芯片及基础软件作为未来 5～15 年重点发展的重大专项之一，通过重大科技专项的方式，对集成电路行业研究和产业发展给予重点支持。其中 01 专项提出，到 2020 年，我国在高端通用芯片、基础软件和核心电子器件领域基本形成具有国际竞争力的高新技术研发与创新体系。

2012 年 6 月，国务院印发《节能与新能源汽车产业发展规划（2012—2020 年）》，提出到 2020 年，纯电动汽车和插电式混合动力汽车生产能力达 200 万辆、累计产销量超过 500 万辆。

2014 年 6 月，国务院印发《国家集成电路产业发展推进纲要》，提出要着力发展集成电路设计业，加速发展集成电路制造业，提升先进封装测试业发展水平，突破集成电路关键装备和材料。围绕重点领域产业链，强化集成电路设计、软件开发、系统集成、内容与服务协同创新，以设计业的快速增长带动制造业的发展；抓住技术变革的有利时机，突破投融资瓶颈，持续推动先进生产线建设；大力推动国内封装测试企业兼并重组，提高产业集中度；加强集成电路装备、材料与工艺结合，研发光刻机、刻蚀机、离子注入机等关键设备，开发光刻胶、大尺寸硅片等关键材料，加强集成电路制造企业和装备、材料企业的协作，加快产业化进程，增强产业配套能力。将通过设立国家产业投资基金、加大金融支持力度等方式，最终到 2020 年，实现集成电路产业与国际先进水平的差距逐步缩小，全行业销售收入年均增速超过 20%，企业可持续发展能力大幅增强，到 2030 年，集成电路产业链主要环节达到国际先进水平，一批企业进入国际第一梯队，实现跨越发展。

2015 年 5 月，国务院印发《中国制造 2025》，将电力电子作为发展重点，提出重点突破硅基 IGBT、MOSFET 等先进的功率半导体器件芯片的技术瓶颈，推进国产硅基器件的应用和产业发展，推进碳化硅（SiC）、氮化镓（GaN）等下一代功率半导体器件的研发和产业化。

2015 年 10 月，国家发展改革委、国家能源局、工业和信息化部、住房城乡建设部印发《电动汽车充电基础设施发展指南（2015—2020 年）》，预计到 2020 年，新增集中式交换电站超过 1.2 万座，分散式充电桩超过 480 万个，以满足全国 500 万辆电动汽车充电需求。

2016 年 7 月，国务院印发《“十三五”国家科技创新规划》，提出要深化极大规模集成电路制造装备及成套工艺等重大专项，攻克 14nm 刻蚀设备、薄膜设备、掺杂设备等高端制造装备及零部件，突破 28nm 浸没式光刻机及核心部件，研制 300mm 硅片等关键材料，研发 14nm 逻辑与存储芯片成套工艺及相应系统封测技术，开展 75nm 关键技术研究，形成 28～14nm 装备、材料、工艺、封测等较完整的产业链，整体创新能力进入世界先进行列。

2016 年 9 月，国家发改委、财政部、商务部印发的《鼓励进口技术和产品目录（2016 年版）》，将新能源汽车关键零部件开发制造、干线轨道车辆交流牵引传动系统、制动系统及核心元器件制造、先进的各类太阳能光伏电池及高纯晶体硅材料制造等行业作为鼓励发展的重点行业，提出重点发展大功率电子器件 IGBT（电压等级≥600V，电流≥300A）制造；将碳化硅半导体单晶生长和加工设备、光刻机、刻蚀机、气相沉淀、离子注入、金属沉淀等集成电路芯片制造设备作为鼓励进口的重要装备。

2016 年 12 月，工业和信息化部、国家发改委、科技部、财政部印发的《工业强基工程实施指南（2016—2020 年）》，提出要突破 8 in/12 in 集成电路硅片，显示材料、光刻胶、光掩膜材料、高端靶材、集成电路制造材料和封装材料等关键基础材料。并将 IGBT 器件作为实施重点产品、工艺“一条龙”应用计划之一，集合国际研发资源，发挥国内 8 in 600～6500V IGBT 芯片生产线优势，开发系列化 IGBT 器件及组件产品；推广 IGBT 在铁路机车与城市轨道交通中的应用，从应用端快速获取反馈信息进行产品改良；推动 IGBT 器件及功率组件在风电、太阳能发电、工业传动、通用高压变频器和电力市场等领域的应用。

2016 年 12 月，工业和信息化部联合国家发改委、科技部、财政部印发的《新材料产业发展指南》，将突破重点应用领域急需的新材料作为重点任务，提出加强大尺寸硅材料、大尺寸碳化硅单晶、高纯金属及合金溅射靶材生产技术研发，加快高纯特种电子气体研发及产业化，解决极大规模集成电路材料制约。

2016 年 12 月，国家能源局印发《太阳能发展“十三五”规划》，提出继续开展分布式光伏发电应用示范区建设，到 2020 年建成 100 个分布式光伏应用示范区，园区内 80%的新建建筑屋顶、50%的已有建筑屋顶安装光伏发电。在“十三五”前半期，积极推动 150 万千瓦左右的太阳能热发电示范项目建设，形成设备制造产业链，促进产业规模化发展和产品质量提高，带动生产成本降低，初步具备国际市场竞争力。

2016 年 12 月，国家能源局印发《能源技术创新“十三五”规划》，提出集中攻关新型电力电子器件关键技术，开发高功率密度 IGBT 器件。研究 10kV 碳化硅多芯片级联器件的模块封装技术、高性能低损耗驱动技术及多层级多模式高可靠保护技术、成套 IGBT 芯片及其配套 FRD 芯片技术、先进模块封装技术、器件级动静态测试验证与可靠性试验评估技术等。

2017 年 4 月，科技部印发《“十三五”材料领域科技创新专项规划》，提出重点发展第三代半导体材料与半导体照明技术。大尺寸、高质量第三代半导体衬底和薄膜材料外延生长调控规律，高效全光谱光源核心材料、器件和灯具全技术链绿色制造技术，超越照明和可见光通讯关键技术、系统集成和应用示范，高性能射频器件、电力电子器件及其模块设计、工艺技术及应用示范，核心装备制造技术等。

2017 年 4 月，科技部印发《“十三五”先进制造技术领域科技创新专项规划》，将极大规模集成电路制造装备及成套工艺作为重点，重点围绕 28～14nm 技术节点进行工艺、装备和关键材料的协同布局，形成 28～14nm 装备、材料、工艺、封测等较完善的产业链。

2018 年 1 月，工业和信息化部公告新修订的《光伏制造行业规范条件（2018 年本）》，在生产布局与项目设立、生产规模和工艺技术、资源综合利用及能耗、环境保护、质量管理等方面明确了准入条件。其中，光伏制造企业按产品类型应分别满足多晶硅项目每期规模不低于 3 000 t/年、硅锭年产能不低于 1 000 t、硅棒年产能不低于 1 000 t、硅片年产能不低于 5 000 万片、晶硅电池年产能不低于 200MWp、晶硅电池组件年产能不低于 200MWp、薄膜电池组件年产能不低于 50MWp、逆变器年产能不低于 200MWp（微型逆变器不低于 10MWp）。

2. 政策对产业的影响

近年来，国家陆续出台了各类有利于 IGBT 发展的产业政策，对 IGBT 产业发展产生深远的影响。在政策的引导下，市场需求被不断挖掘，为行业导入持续的资金等资源。政策的影响不仅体现在 IGBT 所属的电子信息产业本身，更体现在下游需求行业，如新能源汽车等行业的快速推进，引发了对 IGBT 的巨大市场需求。

三、行业标准

1. 行业标准概况

经过三十多年的发展，从上游原材料、生产工艺，到中游生产设备，再到下游应用，IGBT 已形成较为完善的行业标准体系。部分行业标准概况见表 32。

表 32 部分行业标准概况①

时 间	名 称	标准编号
2003 年 6 月 1 日	《硅单晶抛光片》	GB/T 12964-2003

① 表中列举仅为部分行业标准。

（续表）

时　间	名　称	标准编号
2006 年 7 月 20 日	《离网型风能、太阳能发电系统用逆变器第 1 部分：技术条件》 《离网型风能、太阳能发电系统用逆变器第 2 部分：试验方法》	GB/T 20321.1-2006 GB/T 20321.2-2006
2011 年 1 月 10 日	《硅单晶抛光试验片规范》	GB/T 26065-2010
2012 年 12 月 5 日	《离子注入机通用规范》	GB/T 15862-2012
2012 年 12 月 31 日	《半导体器件分立器件第 9 部分：绝缘栅双极晶体管（IGBT）》	GB/T 29332-2012
2012 年 12 月 31 日	《太阳电池用多晶硅片》	GB/T 29055-2012
2012 年 12 月 31 日	《多晶硅企业单位产品能源消耗限额》	GB 29447-2012
2013 年 11 月 12 日	《用于先进集成电路光刻工艺综合评估的图形规范》	GB/T 29844-2013
2014 年 12 月 31 日	《电子级多晶硅》	GB/T 12963-2014
2015 年 4 月 30 日	《改良西门子法多晶硅用硅芯》	YS/T 1061-2015
2015 年 4 月 30 日	《硅片包装》	YS/T 28-2015
2015 年 4 月 30 日	《化学气相沉积炉》	YS/T 1031-2015

资料来源：工标网，联盟整理

2003 年 6 月 1 日，标准编号为 GB/T 12964-2003 的《硅单晶抛光片》由中华人民共和国国家质量监督检验检疫总局发布，归口单位为全国半导体材料和设备标准化技术委员会，主管部门为国家标准化管理委员会。标准规定了硅单晶抛光片必要的相关性术语、产品分类、技术要求、试验方法、检测规则，以及标志、包装、运输、贮存等，适用于直拉硅单晶研磨片经腐蚀减薄后进行单面抛光制备的硅抛光片。

2006 年 7 月 20 日，标准编号为 GB/T 20321.1-2006 的《离网型风能、太阳能发电系统用逆变器 第 1 部分：技术条件》与标准编号为 GB/T 20321.2-2006 的《离网型风能、太阳能发电系统用逆变器 第 2 部分：试验方法》由中华人民共和国国家质量监督检验检疫总局、中国国家标准化管理委员会发布，归口单位及主管部门为全国风力机械标准化技术委员会。标准规定了离网型风能、太阳能发电系统用逆变器的术语、基本参数及型号编制、技术要求、试验方法、检验规则和标志、包装、运输及贮存、试验条件、试验内容和试验方法等内容，适用于离网型风能、太阳能发电系统用逆变器。

2011 年 1 月 10 日，标准编号为 GB/T 26065-2010 的《硅单晶抛光试验片规范》由中华人民共和国国家质量监督检验检疫总局、中国国家标准化管理委员会发布，归口单位及主管部门为全国半导体设备和材料标准化技术委员会材料分技术委员会。标准规定了半导体器件制备中用作检验和工艺控制的硅单晶试验片的技术要求，涵盖尺寸规格、结晶取向及表面缺陷等特性要求，本标准涉及了 50.8～300mm 所有标准直径的硅抛光试验片技术要求。

2012 年 12 月 5 日，标准编号为 GB/T 15862-2012 的《离子注入机通用规范》由中华人民共和国国家质量监督检验检疫总局、中国国家标准化管理委员会发布，归口单位及主管部门为中国电子技术标准化研究所。标准规定了离子注入机的术语、产品分类、技术要求、试验、检验规则和标志、包装、运输、贮存，适用于半导体工艺用电能离子注入机。

2012 年 12 月 31 日，标准编号为 GB/T 29332-2012 的《半导体器件分立器件第 9 部分：绝缘栅双极晶体管（IGBT）》由中华人民共和国国家质量监督检验检疫总局、中国国家标准化管理委员会发布，归口单位及主管部门为全国半导体器件标准化技术委员会。标准给出了绝缘栅双极晶体管（IGBT）的术语、文字符号、基本额定值和特性，以及测试方法等产品特定要求。

2012 年 12 月 31 日，标准编号为 GB/T 29055-2012 的《太阳电池用多晶硅片》由中华人民共和国国家质量监督检验检疫总局、中国国家标准化管理委员会发布，归口单位及主管部门为全国半导体设备和材料标准化技术委员会材料分技术委员会。标准规定了太阳电池用多晶硅片的术语定义、符号及缩略语、产品分类、技术要求、试验方法、检测规则以及标志、包装、运输、贮存等，适用于铸锭多晶切片垂直于长晶方向生产的太阳电池用多晶硅片。

2012 年 12 月 31 日，标准编号为 GB 29447-2012 的《多晶硅企业单位产品能源消耗限额》由中华人民共和国国家质量监督检验检疫总局、中国国家标准化管理委员会发布，归口单位及主管部门为全国能源基础与管理标准化技术委员会、全国有色金属标准化技术委员会。标准规定了多晶硅企业单位产品能源消耗限额的技术要求、统计范围、计算方法、计算范围、节能管理与措施，适用于所有以工业硅、氯气、氢气为原料生产三氯氢硅，以及副产物四氯化硅经氢化生产三氯氢硅，三氯氢硅经精馏提纯后，用高纯氢气还原生产多晶硅的企业单位产品能耗的计算、考核，以及对新建项目的能耗控制。

2013 年 11 月 12 日，标准编号为 GB/T 29844-2013 的《用于先进集成电路光刻工艺综合评估的图形规范》由中华人民共和国国家质量监督检验检疫总局、中国国家标准化管理委员会发布，归口单位及主管部门为全国半导体设备和材料标准化技术委员会。标准规定了用于先进集成电路光刻工艺综合评估的标准测试图形单元的形状、一般尺寸，以及推荐的布局和设计规则，这些标准测试图形包括可供光学显微镜和扫描电子显微镜用的各种图形单元。本标准适用集成电路的工艺、常规掩模版、光致抗蚀剂和光刻机的特征和能力作出评价及交替移相掩模版相位测量，适用于 g 线、i 线、KrF、ArF 等波长的光刻设备及相应的光刻工艺。

2014 年 12 月 31 日，标准编号为 GB/T 12963-2014 的《电子级多晶硅》由中华人民共和国国家质量监督检验检疫总局、中国国家标准化管理委员会发布，归口单位及主管部门为全国半导体设备和材料标准化技术委员会、全国半导体设备和材料标准化技术委员会材料分会。标准规定了多晶硅的要求、试验方法、检验规则以及标志、包装、运输、储存、质量证明书和订货单（或合同）内容，适用于以氯硅烷、硅烷制得的多晶硅。

2015年4月30日，标准编号为YS/T 1061-2015的《改良西门子法多晶硅用硅芯》由中华人民共和国工业和信息化部发布，归口单位及主管部门为全国有色金属标准化技术委员会。标准规定了改良西门子法生产多晶硅用硅芯的要求、检验方法、检验规则及标志、包装、运输、贮存、质量证明书及订货单（或合同）内容等，适用于以多晶硅为原料，通过直拉法（CZ）生产硅棒再经过线切割加工或采用基座法拉制的硅芯。

2015年4月30日，标准编号为YS/T 28-2015的《硅片包装》由中华人民共和国工业和信息化部发布，归口单位及主管部门为全国有色金属标准化技术委员会。标准规定了硅片的包装，适用于硅单晶抛光片、外延片、SOI等硅片的洁净包装、硅单晶研磨片包装和太阳能电池用硅片包装使其在运输、贮存过程中避免再次沾污和破碎。

2015年4月30日，标准编号为YS/T 1031-2015的《化学气相沉积炉》由中华人民共和国工业和信息化部发布，归口单位及主管部门为全国有色金属标准化技术委员会。标准规定了化学气相沉积炉的要求、试验方法、检验规则及标志、包装、运输、贮存、质量证明书和合同（或订货单）内容，适用于化学气相沉积。

2. 行业标准对产业发展影响

IGBT产业是一个技术密集型和资金密集型行业，进入门槛较高，发达国家数十年的技术优势、产品经验、行业客户口碑积累、知识产权和国家行业扶持政策是国内企业参与竞争的几个主要壁垒。其中，技术是最为主要的壁垒之一。标准化不仅可以帮助企业提高效率、效益、响应性和创新能力，还可以提高竞争力；不仅是对个别企业有利，更对整个产业有广泛的影响；不仅是企业面对国内市场竞争的手段，更是参与国际竞争未雨绸缪的准备。

第三节 中国 IGBT 发展历程

一、IGBT 发展阶段

在 IGBT 相关企业中，中国中车股份有限公司①（简称“中国中车”）是我国一家全面掌握从芯片设计、到模块封装与组件、再到应用全套技术的企业。中国中车 IGBT 发展阶段主要分为以下几个方面。

1. 资本运作与技术创新相结合

2008 年 10 月 31 日，是中国功率半导体产业里程牌式的日子，中车株洲电力机车研究所有限公司②（简称“中车株洲所”）下属子公司南车时代电气成功收购加拿大丹尼克斯半导体公司（Dynex）75%的股权。

Dynex 是世界上少数的集设计、研发和制造能力于一体的独立的电力电子器件制造商之一，其拥有 4 英寸 IGBT 芯片设计、制造、模块封装的完整全套技术。南车时代电气通过此次并购，拥有了大功率 IGBT、高压电力电子组件等产品和技术。此后，为使得 Dynex 4 英寸 IGBT 全生产线生产出的产品能在中国适应国情，满足我国轨道交通的应用，中车株洲所在旧生产线的基础上，自主研发并建成了新的 6 英寸 IGBT 全生产线。

通过资本运作与技术创新，不仅为中国中车实现 IGBT 技术的突破打开了一扇窗，而且成功实现了 IGBT 模块的国产化，改变了我国 IGBT 技术及

① 中国南车与中国北车 2014 年 12 月 30 日晚双双发布重组公告，正式宣布双方以南车换股吸收北车的方式进行合并，合并后的新公司更名为“中国中车股份有限公司”。

② 始创于 1959 年，前身是铁道部株洲电力机车研究所，现为中国中车股份有限公司一级全资子公司。

变流器产品长期受制于人的情况。

2. 研发技术飞速发展

为了更好地吸纳全球，特别是欧洲顶尖技术和人才资源，加速 IGBT 技术及产业化进程，2010 年，中国中车在英国组建起功率半导体器件海外研发中心。中心成立仅短短两年内，实现了技术和工艺的全面升级；优化改进了 1700V、3300V 和 6500V 系列产品；新开发出 1600A/1700V、600A/6500V、1200A/3300V 等模块以及 4500V 全压接式 IGBT 模块，建立起了一个完整的 IGBT 芯片、模块技术创新体系。2013 年底，全面推出了世界先进水平的 1500A/3300V、1200A/4500V 和 750A/6500V 全系列高功率密度 IGBT 芯片与模块，一定程度上满足了轨道交通、智能电网等高端应用领域的需要，并且实现了 IGBT 制造技术从 6 英寸到 8 英寸的跨越。

3. 构建全球第二条 8 英寸 IGBT 芯片生产线

2014 年 6 月，中车株洲公司推出全球第二条、国内首条 8 英寸 IGBT 芯片专业生产线。

从最初引进技术，到现在完全自主开发，中国中车大功率半导体器件的国产化之路，仅仅用了五年。五年内，中车株洲公司在 IGBT 芯片设计、封装测试、可靠性试验、系统应用上，攻克了 30 多项难题，产品在国内轨道交通、柔性直流输电以及矿冶领域得到批量应用。与 6 英寸 IGBT 生产线相较，8 英寸生产线改变了原有的芯片批量化生产模式，实现了单片生产模式，确保生产出的芯片在质量与性能上更为优越的同时，将单位时间的芯片产能提高一倍，材料成本则至少降低 20%。

4. 具有自主知识产权的 6500V IGBT 研发成功

2015 年 10 月，中国中车永济电机公司研发的 6500V/200A 高铁机车用 IGBT 芯片通过高铁系统上车试验，实现产品化应用。该模块的诞生，标志着我国拥有了完全自主知识产权的世界最高电压等级 IGBT 模块设计和制造技术，填补了国内在高压 IGBT 模块自主开发领域的技术空白，为中国铁路机车为代表的轨道交通装备及其相关产业提供强劲的“中国芯”，有利地推动了我国高铁和大功率机车核心技术的自主化。

二、IGBT 发展趋势

1. 未来方向

目前，市场上 IGBT 的主要由外国厂商提供，国内缺少 IGBT 的产业化设计、生产、封装、测试和可靠性试验等一套完整的技术。未来，随着国家政策支持及我国 IGBT 技术的发展，国产化进程将进一步加速。

受益于新能源汽车、智能电网、轨道交通等行业的快速发展，IGBT 市场需求及规模将持续上升，未来 IGBT 市场将迎来爆发式增长。

IGBT 技术将向大电流、高电压、低损耗、高频率、功能集成化、高可靠性方向发展，而 IGBT 芯片的发展趋势是体积更小、热阻更低、性能更强。

2. 发展建议

中国 IGBT 器件技术及产业化发展较晚，加之技术门槛高、投入大、竞争对手强，目前中国市场的 IGBT 产品基本依赖进口，国内有数家从事中小功率 IGBT 产品组装的企业，但尚未形成产业规模。为促进 IGBT 国产化进程，建议从以下几方面寻求突破。

（1）加大政策扶持力度

政府应加大政策扶持力度，给予 IGBT 企业更大的财政支持、加大税收优惠力度和增加相关人才引进补贴等。同时，支持 IGBT 企业通过并购方式引进先进技术，加快国产化进程。政策应以市场为导向，发挥国内市场规模优势，在此基础上进行整合，支持发展 IDM 企业，使我国最终发展成为 IGBT 研发生产强国。

（2）组建战略产业联盟

通过企业战略联盟的合作，在充分利用各自竞争优势基础上，联手打造出具有核心竞争力的国产化 IGBT 大规模商用产业生态链。战略产业联盟合作主要包括四个方面：一是通过成立联盟形成从设计、制造到封装、测试的完整 IGBT 产业链；二是签订合作协议落实相关可操作性的具体内容；三是建立联席会议制度，定期对项目进行协调，总体推进合作进程；四是建立联合技术攻关团队，以各自优势资源研发突破工艺方面存在的难题与瓶颈，推进 IGBT 设计与制造进程，争取在未来三年内逐步实现 IGBT 芯片量产化，以应用为依托并最终建立起中国 IGBT 产业链，力争实现中国半导体产业真正“自主可控”的目标。

（3）加强产学研合作

鼓励与高校、科研院所进行合作，搭建“产学研”技术研发平台，各方进行紧密合作，实现进一步技术突破，推进科技成果产业化。

（4）推进大功率 IGBT 产业化基地建设

改变核心技术受制于人、产品依赖进口的不利局面，提升我国重大装备制造业的核心竞争力。其中包括建设 IGBT 制造业创新中心，攻关 IGBT 芯片、封装、材料及工艺装备等关键技术，加速 IGBT 技术装备突破进程。加强 IGBT 及 SiC 器件等核心技术攻关。加快 8 英寸 IGBT 智能制造与数字化工厂、新能源汽车用 IGBT 等重大项目建设，积极打造新型功率电力电子器件产业集群。

（5）鼓励终端应用

IGBT 的快速发展需要良好的产业应用带动，应该鼓励下游应用给予国产 IGBT 企业施展的机会，并对于这种下游应用企业给予奖励和保险补偿等相关措施。在设计、封装、材料、零部件等关键环节协同开发，精准设计及制造，消除薄弱环节，最终实现全产业链闭环。

第四节 IGBT 产业链格局

一、上游原材料

1. 多晶硅

我国多晶硅产量分布较为集中，前十大企业产量占多晶硅总产量超 90%。2016 年，我国多晶硅产量前十大企业分别为江苏中能硅业科技发展有限公司、新特能源股份有限公司、洛阳硅业集团有限公司、亚洲硅业（青海）有限公司、新疆大全新能源有限公司、四川永祥股份有限公司、江西赛维 LDK 太阳能高科技有限公司、内蒙古盾安光伏科技有限公司、国电内蒙古晶阳能源有限公司、四川瑞能硅材料有限公司。其中前七家多晶硅生产企业已实现万吨级规模。2016 年我国多晶硅产量前十大企业见表 33。

表 33 2016 年我国多晶硅产量前十大企业

排 名	名 称	产量占比
1	江苏中能硅业科技发展有限公司	36.1%
2	新特能源股份有限公司	11.8%
3	洛阳硅业集团有限公司	8.1%
4	亚洲硅业（青海）有限公司	6.9%
5	新疆大全新能源有限公司	6.7%
6	四川永祥股份有限公司	6.3%
7	江西赛维 LDK 太阳能高科技有限公司	5.2%

（续表）

排　名	名　称	产量占比
8	内蒙古盾安光伏科技有限公司	3.6%
9	国电内蒙古晶阳能源有限公司	2.9%
10	四川瑞能硅材料有限公司	2.6%

数据来源：中国光伏行业协会，联盟整理

2. 硅片

硅材料行业的垄断性较高。2015 年，全球一半以上的半导体硅片销售份额集中在日本信越和日本 SUMCO 两家公司，全球前六大硅片厂的销售份额占总额的 92%。2015 年全球半导体硅片市场格局如图 49 所示。

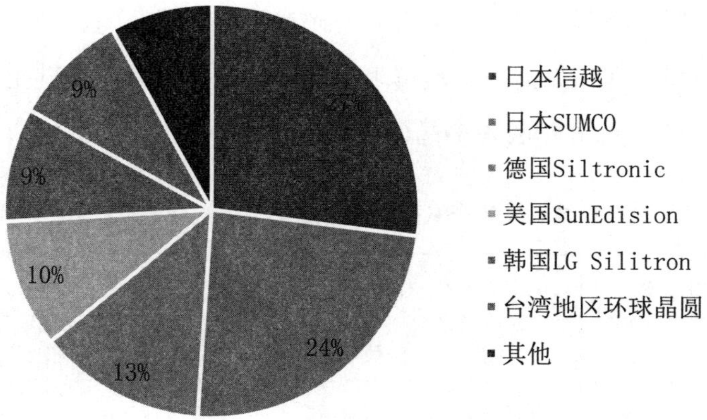

图 49　2015 年全球半导体硅片市场格局

数据来源：上海硅产业投资有限公司，联盟整理

硅片的尺寸越大、纯度越高，垄断情况就越严重。在 12 英寸（300 毫米）大硅片方面，2015 年全球前六大半导体硅片厂的销售份额达到 97.8%。2015 年全球 12 英寸硅片市场格局如图 50 所示。

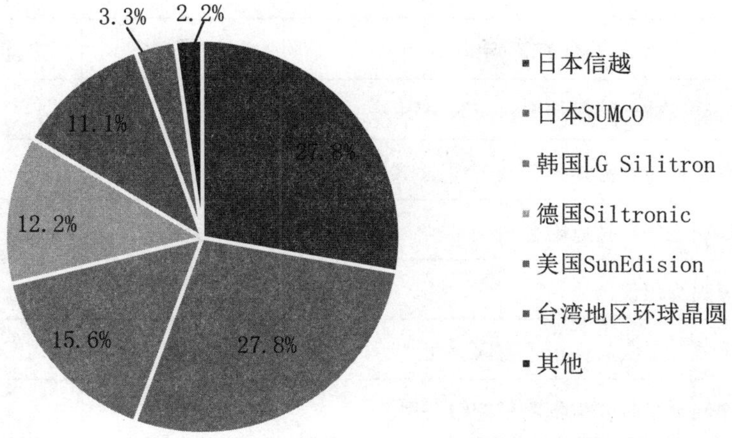

图 50　2015 年全球 12 英寸硅片市场格局

数据来源：Gartner，联盟整理

在 8 英寸晶圆[①]方面，国内生产线的月产能共计 70 万片/月。主要厂商有中芯国际集成电路制造有限公司、上海华虹宏力半导体制造有限公司、台湾积体电路制造股份有限公司、和舰科技（苏州）有限公司、华润上华科技有限公司等。我国现有 8 英寸晶圆厂见表 34。

表 34　我国现有 8in 晶圆厂

厂　商	厂　址	产能（万片/月）
中芯国际集成电路制造有限公司	上海	20
	深圳	2
	天津	4.3
上海华虹宏力半导体制造有限公司	上海	12.9

① 晶圆全称为硅晶圆片，也称硅片。称法不同，含义相同。本书不同地方也有不同的称支，仅是习惯上的差异。

（续表）

厂　商	厂　址	产能（万片/月）
台湾积体电路制造股份有限公司	上海	8.2
和舰科技（苏州）有限公司	苏州	6.5
华润上华科技有限公司	无锡	6
美国德州仪器公司	成都	5
中航（重庆）微电子有限公司	重庆	4.3
株洲中车时代电气股份有限公司	株洲	1

数据来源：SIMTAC，联盟整理

目前中国大陆12英寸硅片的总需求约为42万片/月。12英寸晶圆厂多为外资企业所建，国内晶圆厂主要为代工厂商。我国现有12英寸晶圆厂见表35。

表35　我国现有12英寸晶圆厂

厂　商	厂　址	产能（万片/月）	主要生产项目
三星	西安	10	NAND FLASH
英特尔	大连	3～4	NAND FLASH
海力士	无锡	11	DRAM
上海华力微电子有限公司	上海	3.5	晶圆代工
中芯国际集成电路制造有限公司	上海	1.5	晶圆代工
	北京	1.5	晶圆代工
长江存储科技有限责任公司	武汉	2.5	NOR NAND CMOS
联电	厦门	5	40/55nm 晶圆代工

数据来源：《科技时报》，联盟整理

3. 电子气体

美国气体化工在中国的市场份额最大，占比为 28.7%；美国普莱克斯次之，占比为 20.1%；日本昭和化工排名第三，占比为 14.5%。2016 年中国电子气体行业主要品牌市场份额如图 51 所示。

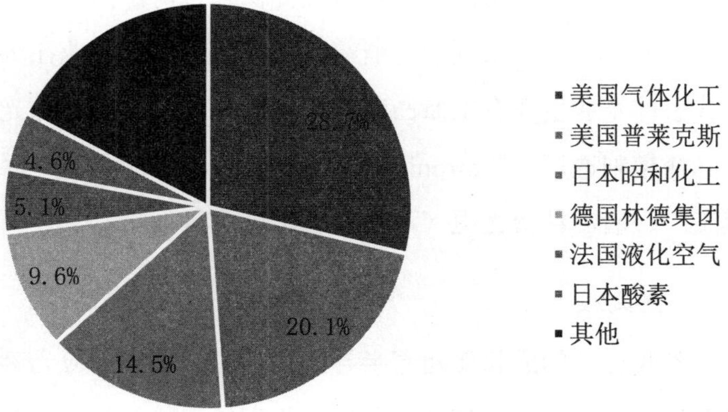

图 51 2016 年中国电子气体行业主要品牌市场份额

数据来源：新思界产业研究中心，联盟整理

根据中国产业调研网的统计，截止 2015 年底，我国共有特种气体生产企业 150 余家，但多数企业生产规模较小。国内电子气体行业主要企业有中国船舶重工集团公司、江苏南大光电材料股份有限公司、浙江巨化股份有限公司、中节能环保装备股份有限公司、广东华特气体股份有限公司、绿菱电子材料（天津）有限公司和大连保税区科利德化工科技开发有限公司等。

其中，江苏南大光电材料股份有限公司、中节能环保装备股份有限公司等公司大力投入的磷烷、砷烷、锗烷等产业化项目进展顺利；中国船舶重工集团公司、广东华特气体股份有限公司等单位的 NF_3、WF_6、C_2F_6 等部分气体品种已大批量应用于国内 8 英寸、12 英寸集成电路生产线。

4. 光掩膜版

光掩膜版市场集中度高，寡头垄断严重。美国福尼克斯公司（Photronics）、大日本印刷株式会社（DNP）和日本凸版印刷株式会社（Toppan）三家约占80%的市场份额。我国的光掩膜版行业仅能够满足国内中低档产品市场的需求，高档光掩膜版则由国外公司直接提供。目前，国内的光掩膜版企业主要集中在上海、北京、深圳及江浙等地，部分为国外企业在国内所设的掩模工厂。代表性企业主要有上海凸版光掩模公司（原上海杜邦光掩模公司）、中芯国际掩模制造厂、Photronics（上海）有限公司、无锡华润微电子有限公司掩模工厂、清溢精密光电（深圳）有限公司等。

5. 光刻胶

光刻胶行业的成长伴随着半导体产业的发展，供应光刻胶的生产企业大多是在半导体产业发展早期就开始参与市场的化学材料企业。目前全球半导体光刻胶的供应厂商主要集中在美国、日本、欧洲及韩国等国家和地区。2015年中国光刻胶行业前五家企业市场占比达到 89.7%，它们分别是台湾地区长兴化学、日本日立化成、日本旭化成、美国杜邦及台湾地区长春化工。相较之下，大陆内资企业市场份额还是 10%。

光刻胶是电子化学品中技术壁垒最高的材料，具有纯度要求高、生产工艺复杂、生产及检测等设备投资大、技术积累期长等特征。中国的光刻胶供应厂商多集中于 PCB 光刻胶、LCD 光刻胶等低端领域，能够生产半导体光刻胶的厂商主要有北京科华微电子材料有限公司和苏州瑞红电子化学品有限公司，两家公司分别承担了国家 02 专项 KrF（248nm）光刻胶和 i 线（365nm）光刻胶课题，并取得重大突破。北京科华微电子材料有限公司已经掌握了 g 线正胶、i 线正胶、KrF 深紫外光刻胶及配套试剂，目前正在从事 ArF（193nm）深紫外光刻胶的研发。苏州瑞红电子化学品有限公司已经掌握 g 线正胶、i 线正胶和环化橡胶负胶，正在进行 KrF 深紫外光刻胶的研发。此外，上海飞凯光电材料有限公司、江苏广信感光新材料股份有限公司、深圳市容大感光科技股份有限公司等也有涉足。光刻胶国产化进程见表 36。

表 36 光刻胶国产化进程

产品名称	国产化进程
PCB 光刻胶	海外巨头在中国建厂，无本土企业生产
TN/STN-LCD 光刻胶	苏州瑞红约占 30%～40%，其他主要由台湾地区提供
TFT-LCD 光刻胶	大部分为进口
磺化橡胶类光刻胶	已国产化，北京科华和苏州瑞红占据全部市场
g/i 线光刻胶	自给率 10%左右，其他由日本、台湾地区提供
KrF 光刻胶	几乎全部进口，北京科华掌握 248nm

资料来源：中国银河证券研究部，联盟整理

6. CMP 材料

近年来，我国 CMP 材料市场增长迅速，年均增速超 20%。但半导体 CMP 材料的技术壁垒较高，全球高端的半导体 CMP 抛光液和抛光垫市场主要由美国、日本、韩国等国家控制。

抛光垫具有技术壁垒高、认证时间长的特点，一直以来处于寡头垄断状态。一方面，抛光垫的研发和生产在不断革新，在沟槽设计、使用寿命等方面不断改良，具有较高的技术壁垒；另一方面，对于晶圆厂商来说，稳定生产非常重要，测试新产品的流程复杂，一般需要一年半甚至两年的时间才能完成一种新产品的认证。因此，行业巨头一般具有比较稳定的下游客户，容易形成市场垄断。目前抛光垫的全球供给由陶氏公司垄断，其占据 79%的市场份额，此外还有美国 Cabot、Thomas West 等。国内市场上，陶氏公司的

20in 抛光垫占据了85%的市场份额，30in 的市占率则更高，其余市场份额被台湾地区 IVT、日本 Toyo 和 Thomas West 瓜分。湖北鼎龙控股股份有限公司作为国内第一家全系列 CMP 抛光垫生产商，有望率先实现进口替代。全球 CMP 抛光垫市场格局如图52所示。

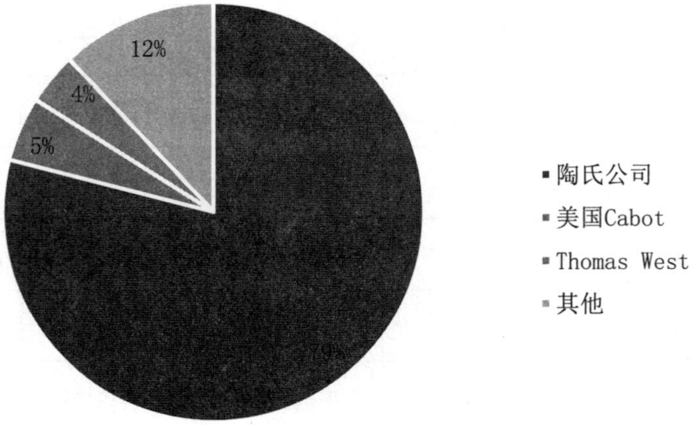

图52　全球 CMP 抛光垫市场格局

数据来源：招商证券，联盟整理

抛光液主要是采用复配技术，与抛光垫相比技术门槛相对较低。在国际上，CMP 抛光液主要被陶氏公司、美国 Rodel、美国 Cabot、日本 FUJIMI、韩国 ACE 株式会社等垄断。目前，国内已有几十家抛光液生产企业，安集微电子（上海）有限公司生产的抛光液更是打破了国外在高端集成电路抛光材料领域的垄断。

7. 溅射靶材

高纯溅射靶材是伴随着半导体工业的发展而兴起的，属于典型的技术密集型产业，产品技术含量高，研发生产设备专用性强。随着半导体工业技术创新的不断深化，以美国、日本为代表的半导体厂商需要加强对上游原材料的创新力度，从而最大限度地保证半导体产品的技术先进性。因此，美国、日本的半导体工业相继催生了一批高纯溅射靶材生产厂商，并于当前居于全球市场的主导地位，在一定程度上，全球半导体工业的区域集聚性造就了高纯溅射靶材生产企业的高度聚集。自诞生之日起，以美国、日本为代表的高纯溅射靶材生产企业便对核心技术执行严格的保密措施，导致溅射靶材行业在全球范围内呈现明显的区域集聚特征。美国霍尼韦尔、美国普莱克斯、日本日矿金属、日本东曹、日本住友化学等资金实力雄厚、技术水平领先、产业经验丰富的跨国公司居于全球高纯溅射靶材行业的领导地位，属于溅射靶材的传统强势企业，占据全球溅射靶材市场的绝大部分市场份额，主导着全球溅射靶材产业的发展。

国家产业政策、研发基金的陆续发布和落实给国内溅射靶材行业的快速发展营造了良好的产业环境，国产企业实力进一步增强。加上数年的科技攻关和生产试验，国内高纯溅射靶材生产企业已经逐渐突破关键技术门槛，拥有了部分产品的规模化生产能力，整体实力不断增强，形成了以宁波江丰电子材料股份有限公司、福建阿石创新材料股份有限公司、有研亿金新材料有限公司、洛阳隆华传热节能股份有限公司等为代表的专业从事高纯溅射靶材的生产商。

8. 封装材料

绝大部分封装材料是由国外厂商提供的，国内厂商占比较低。国外主要生产商有住友化工、日立化成、德国汉高、道康宁、杜邦、信越化学等。国内主要生产商有深圳市兴森快捷电路科技股份有限公司、宏昌电子材料股份有限公司、宁波康强电子股份有限公司、上海飞凯光电材料有限公司、潮州三环（集团）股份有限公司、深南电路股份有限公司等。各封装材料主要企业见表 37。

表 37　各封装材料主要企业

细分材料	主要厂商
引线框架	康强电子
封装基板	兴森科技、生益科技、深南电路、圣达科技
陶瓷封装材料	三环集团、河北中瓷
键合丝	康强电子、青岛远通
包装材料	江苏中鹏、苏州益本、深圳富鑫鸿
其他材料	上海新阳、光华科技、宏昌电子、飞凯材料、艾森半导体、国瑞升、安集微电子、新安纳

资料来源：公开信息，联盟整理

二、中游生产设备

1.　单晶硅加工

（1）单晶炉

单晶炉市场主要以德国、美国、日本企业为主。国内的企业如浙江晶盛机电股份有限公司、北京京运通科技股份有限公司、江苏华盛天龙光电设备股份有限公司、北方华创科技集团股份有限公司也可生产，但在质量和精度方面与进口设备差距较大。因此，目前国内单晶硅厂商采用进口设备来进行生产。国内外主要单晶炉生产商及其主要型号对比见表 38。

表 38　国内外主要单晶炉生产商及其主要型号对比

国内/外	厂　商	型　号	投料量	尺　寸	研发阶段
国外	德国 PVA Tepla AG	EKZ3500	200kg	12in	量产
	美国 Kayex	Vision300	300kg	12～16in	量产
	日本 Ferrotec	FT-CZ2408BZ	150kg	8in	量产

（续表）

国内/外	厂　商	型　号	投料量	尺　寸	研发阶段
国内	晶盛机电	TDR130A-ZJS	300kg	12～16in	小批量生产和销售
		TDR130A-ZJS/γ	300kg	18in	研发验收
	京运通	JD-110	最大 170kg	≤10in	研发升级
	天龙光电	DRF-95B	120～150kg	8～10in	量产
	北方华创	HG9001	90kg	6～8in	量产

资料来源：OFweek，联盟整理

（2）其他设备

目前国产设备虽然已经覆盖生产线的各个环节，但在质量和精度方面与进口设备差距较大。因此，目前国内单晶硅厂商均采用进口设备来进行生产。单晶硅片生产线主要设备及厂商见表 39。

表 39　单晶硅片生产线主要设备及厂商

序　号	设备仪器	用　途	主要厂商
1	磨床	外径滚磨	德国科堡、三井精机、丰田工机
2	倒角机	倒角	德国博世、日本日立、浙江博大
3	内院切割机或线切割机	切片	瑞士 M&B、日本东京精密、日本 TAKATORI
4	研磨机	研磨	德国 IKA、黎明重工、日本 KOKUSAN
5	多片式抛光机或单片式抛光机	抛光	荷兰 ASML、德国 Morcato、日本 KOVAX

资料来源：长城证券研究所，联盟整理

2. 晶圆制造

半导体设备是一个高度垄断的行业，根据 SEMI 公布的数据显示，前五大企业占据市场份额的 76.8%，前十大企业占据了 93.6%的市场份额。市场集中度高，且十大厂商中多数为美国和日本企业。其中，美国应用材料公司（AMAT）无疑是半导体设备企业中的领头羊，其次为美国 Lam Research、荷兰 ASML。

我国半导体设备市场发展迅速，2016 年中国半导体设备销售收入总计 57.33 亿元，同比增长 21.5%。其中，前十强企业完成销售收入 48.34 亿元，同比增长 28.5%，增速快于整体增速，市场集中度在不断提高。晶圆制造设备厂商及其设备水平见表 40。

表 40　晶圆制造设备厂商及其设备水平

设备种类	全球领先厂商	国内主要厂商	国产化进度
氧化炉	Thermco	北方华创	量产 12in 设备
光刻机	ASML、Nikon	上海微装、中电 45 所	先进封装进口替代，出口海外
涂胶/显影设备	TEL、DNS	芯源微电子、北方华创	量产 12in 设备，出口海外
干法刻蚀机	LAM、AMAT	中微半导体、北方华创	90～16nm 设备量产，出口海外
离子注入机	Nissin、AMAT	中科信、中电 48 所、凯世通	量产 90～22nm 设备
CVD 设备	AMAT、LAM	拓荆、北方华创、中微	量产 90～45nm 设备
PVD 设备	AMAT、LAM	北方华创、拓荆	量产 90～28nm 设备
CMP 设备	AMAT、IPEC	华海清科、盛美、中电 45 所	量产 12in 设备
电镀设备	LAM、AMAT	上海新阳	开发 12in 设备

资料来源：SEMI，联盟整理

（1）氧化炉

国外氧化炉主要厂商有英国 Thermco 公司、德国 Centrotherm thermal Solutions GmbH & Co. KG 公司等。国内主要厂商及科研院所有北方华创科技集团股份有限公司、青岛福润德微电子设备有限公司、中国电子科技集团第四十八研究所（简称中电 48 所）、中国电子科技集团第四十五研究所（简称中电 45 所）等。

（2）光刻机

光刻机市场高度集中，前三名占总份额的 92.8%。其中，荷兰 ASML 一家独大，占据 75.3%的市场份额，Nikon、Canon 分别占 11.3%和 6.2%。全球光刻机市场格局如图 53 所示。

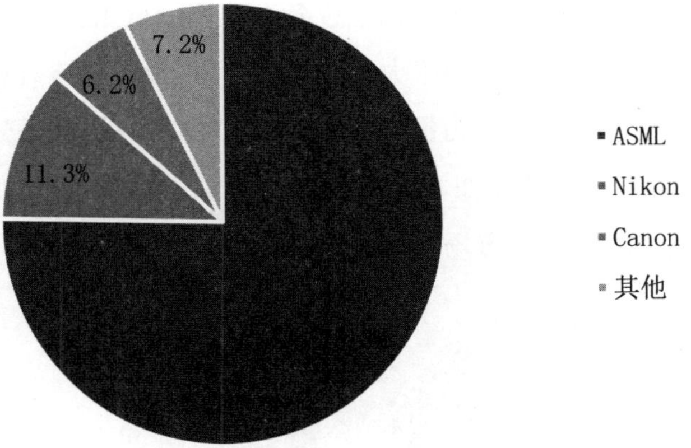

图 53　全球光刻机市场格局

数据来源：IC insights，联盟整理

目前全球只有荷兰的 ASML 和日本的 Nikon 两家可以提供最先进的光刻机。而最先进的 EUV 光刻机全球仅有 ASML 能够生产，ASML 垄断了高端光刻机市场。国内晶圆厂所需的高端光刻机完全依赖进口，是我国在半导体设备制造上的短板。

国内光刻机主要厂商及科研院所包括上海微电子装备（集团）股份有限

公司、中国电子科技集团公司第四十八研究所、中国电子科技集团公司第四十五研究所、中国科学院成都光电所等。但与西方存在较大差距，目前国际光刻机龙头 ASML 量产型号已经做到 14nm 水平，而中国处于技术领先的是上海微电子装备（集团）股份有限公司，其量产的光刻机中性能最好的仅为 90nm 光刻机，但光刻机中最核心的光源是进口的。技术受制于国外，导致上海微电子装备（集团）股份有限公司 90nm 光刻机无法规模化量产。

（3）涂胶/显影设备

在全球涂胶显影机市场上，日本的东京电子有限公司约占 90%的市场份额。国内主要厂商为沈阳芯源微电子设备有限公司等。

（4）刻蚀机

目前，全球有百余家刻蚀设备企业。Lam Research、TEL、AMAT 占据全球主流刻蚀机市场的绝大部分份额。Lam Research 在硅刻蚀方面独树一帜，TEL 在介质刻蚀方面占据主导位置，AMAT 擅长金属刻蚀方面。而 Hitachi、Aleatel、Oxford-Ins 在 MEMS（微电子机械系统）等细分市场上占据一定的优势。全球刻蚀机市场格局如图 54 所示。

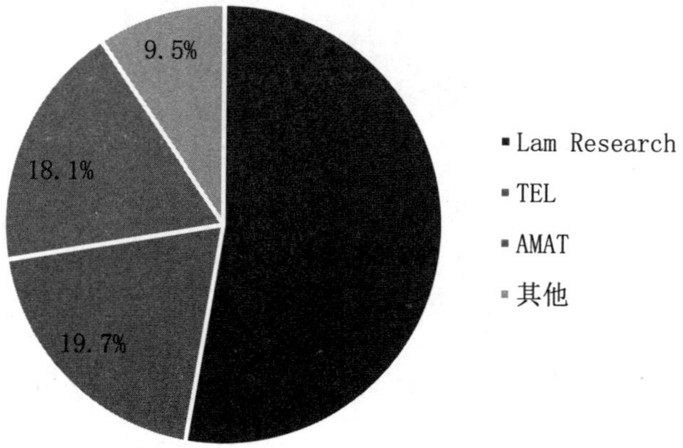

图 54　全球刻蚀机市场格局

数据来源：IC insights，联盟整理进入 300mm 时代以后，随着铜互连的发展，金属刻蚀逐渐萎缩，介质刻蚀份额逐渐加大，介质刻蚀设备的份额已经超过 50%。而且随着器件互连层数增多，介质刻蚀设备使用量就越大。200mm 时代，介质刻蚀市场份额依次为 TEL、AMAT、Lam Research。进入 300mm 时代以来，Lam Research 由于其简单的设计、较低的设备成本，逐渐在 65nm、45nm 设备市场超过 TEL，占据了大半市场。Lam Research 300mm 设备 Lam 2300 系列产品有 Versys（Poly）、Exelan Flex（Die）等；TEL 300mm 设备有 SCCM、Telius 等。刻蚀设备主要公司对比见表 41。

表 41　刻蚀设备主要公司对比

公司名称	主要产品	主要优势
Lam Research	LAM590、Rainbow、TCP9100、exelan、exelan flex	在多晶硅蚀刻方面及金属蚀刻方面，市场占有率全球第一
TEL	UNITY、DRM、SCCM	在介电质蚀刻方面表现较好
AMAT	P5000、MxP、super eeMAX、eMAX CT、eMAX CT+	产品线比较广，金属蚀刻与介电质蚀刻均有涉及

资料来源：国信证券经济研究所，联盟整理

国内刻蚀设备的主要公司及科研院所有中微半导体设备有限公司、北方华创科技集团股份有限公司、中国电子科技集团第四十八研究所等。

（5）离子注入机

在全球离子注入机市场上，AMAT 占据约 70%市场份额。国内的主要厂商及科研院所有中国电子科技集团第四十八研究所、北京中科信电子装备有限公司等。

（6）CVD 设备

CVD 设备市场中占支配地位的竞争者主要是 AMAT、TEL 和 Lam Research。其他主要竞争者还包括有 Aixtron SE、Jusung Engineering、ULVAC

Technologies 和 Veeco Instruments Inc，但普遍仅占据一些特殊细分市场。全球 CVD 设备市场格局如图 55 所示。

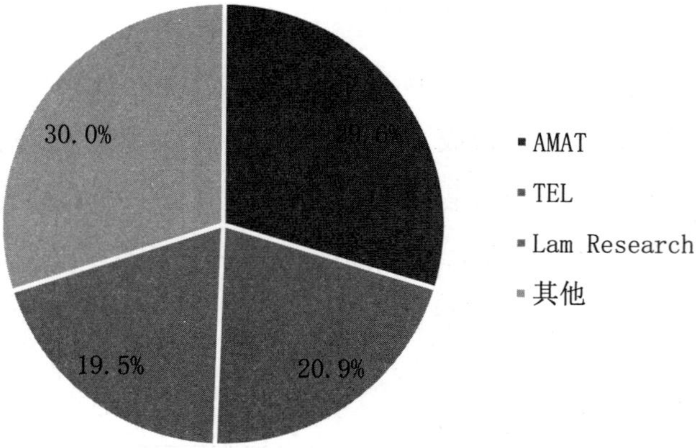

图 55　全球 CVD 设备市场格局

数据来源：IC insights，联盟整理

由于 CVD 的类型多样，因此，不同细分市场集中在不同的企业手中。例如，MOCVD 主要市场集中在 Aixtron SE 和 Veeco Instruments Inc 这两家公司，两家常年占有 85%以上的份额，另外日本 Taiyo Nippon Sanso Corp 公司也占有一部分的市场份额。

国内 CVD 设备的主要厂商有北方华创科技集团股份有限公司、沈阳拓荆科技有限公司、中微半导体设备有限公司等。但整体来说，CVD 市场仍为外国厂商所占据。

（7）PVD 设备

全球 PVD 设备市场主要由 AMAT、瑞士 Evatec 和日本 ULVAC 占据，市场份额分别为 64.9%、25.9%和 5.4%。全球 PVD 设备市场格局如图 56 所示。

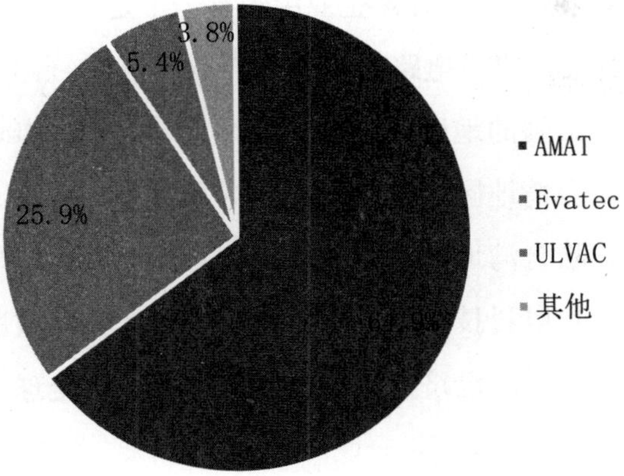

图 56 全球 PVD 设备市场格局

数据来源：IC insights，联盟整理

国内的 PVD 设备主要厂商及科研院所有，北方华创科技集团股份有限公司、中国科学院沈阳科学仪器股份有限公司、中国电子科技集团第四十八研究所等。

（8）CMP 设备

国外 CMP 设备的主要厂商有 AMAT、美国 Rtec 公司等。国内 CMP 设备的主要厂商及科研院所有天津华海清科机电科技有限公司、盛美半导体设备（上海）有限公司、中国电子科技集团公司第四十五研究所等。

（9）电镀设备

国外电镀设备的主要厂商有 AMAT 等。国内电镀设备的主要厂商有上海新阳半导体材料股份有限公司等。

3. 封装测试

2016 年，中国有超过 100 家企业涉足封测业务，绝大部分位于长三角和珠三角地区，其中约有三分之二是中小企业，主要从事低引脚数封装业务，而且基本上只针对中国市场。全球顶尖的 IDM 和封测厂商几乎均在中国大陆设厂，在涉足先进封装业务的十几家企业中约有一半是国外厂商在国内设的厂。

2016年，全球各地区集成电路封测代工产业产值中，台湾地区占比56%，是专业代工封测实力最强的地区。在2016年，全球前十大专业集成电路封测厂商中，有5家来自台湾地区的厂商，分别为日月光、矽品、力成科技、京元电子及南茂科技。除台湾地区外，国内封测企业通过内生外延协同发展，也已初具规模。江苏长电科技股份有限公司、天水华天科技股份有限公司、通富微电子股份有限公司均已跻身全球前十位。2016年全球十大封测厂商见表42。

表42　2016年全球十大封测厂商

排　　名	厂　　商	厂　　址	2016年营业收入（亿美元）
1	日月光	台湾地区	91.57
2	安靠	美国	38.94
3	长电科技	中国大陆	28.98
4	矽品①	台湾地区	28.35
5	力成科技	台湾地区	16.10
6	华天科技	中国大陆	8.28
7	通富微电	中国大陆	6.95
8	联测	新加坡	6.89
9	京元电子	台湾地区	6.69
10	南茂科技	台湾地区	6.13

数据来源：WIND、企业年报，联盟整理

① 2017年11月，矽品被日月光收购。

全球测试设备市场基本上被美国、日本所占据。据中国半导体行业协会统计，美国泰瑞达（Teradyne）、日本爱德万（Advantest）、美国科利登（Xcerra）占据全球测试设备 80%市场份额。全球测试设备市场格局如图 57 所示。

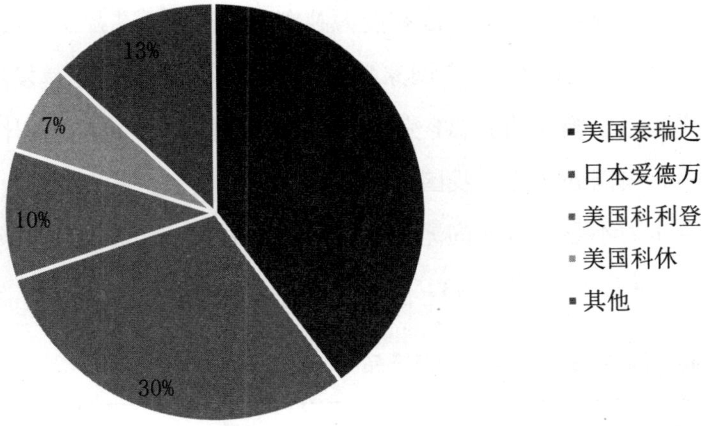

图 57 全球测试设备市场格局

数据来源：中国半导体行业协会，联盟整理

少数优秀的本土测试设备制造商正在奋起直追。本土企业中，杭州长川科技股份有限公司、中微半导体设备（上海）有限公司、北京北方华创微电子装备有限公司、北京华峰测控技术股份有限公司等业内少数专用设备制造商通过多年的研发和积累，已掌握了相关核心技术，拥有一些核心技术的自主知识产权，具备较大规模和一定品牌知名度，占据了一定市场份额。其中以杭州长川科技股份有限公司、北京华峰测控技术股份有限公司为代表的测试设备优势企业产品已成功进入国内封测龙头企业供应链体系，奠定了一定的市场地位。

三、IGBT 生产

IGBT 是系统应用、器件设计和工艺加工密切结合型产业，国际主流 IGBT 生产企业均是 IDM 企业。国内大部分先进的 IGBT 制造厂和设计企业分离，而绝大部分系统厂家还没有能力独立发展 IGBT 芯片生产线。

目前，我国 IGBT 在国家政策及市场牵引下得到迅速发展，已形成了 IDM 模式和代工模式的 IGBT 完整产业链，IGBT 国产化进程加快，有望摆脱进口依赖。与国外相比，我国 IGBT 研制单位较多，各有所长，却又各有短板，综合实力不强，目前尚无企业具备与国外大公司相抗衡的实力。国内 IGBT 主要厂商及产品见表 43。

表 43　国内 IGBT 主要企业及产品

分　类	企业名称	主要产品
IDM 公司	株洲中车时代电气股份有限公司	1200～6500V 高压模块，国内唯一自主掌握了高铁动力 IGBT 芯片及模块技术的企业
	深圳比亚迪微电子有限公司	工业级 IGBT 模块、汽车级 IGBT 模块（新能源车用与上海先进合作）、600V IGBT 单管、IGBT 驱动芯片
	杭州士兰微电子股份有限公司	300～600V 穿通型 IGBT 工艺，1200V 非穿通型槽栅 IGBT 工艺，面向电焊机、变频器、光伏逆变器、电动机逆变器、UPS 电源、家电、消费电子
	吉林华微电子股份有限公司	3in、4in、5in 与 6in 等多条功率半导体分立器件及 IC 芯片生产线，应用于逆变器、电磁炉、UPS 电源

（续表）

分 类	企业名称	主要产品
	天津中环半导体股份有限公司	用于消费电子IGBT已经量产，高电压IGBT还在研发，节能型功率器件可用于充电桩
	中航（重庆）微电子有限公司	1200V/20～50A IGBT功率模块
模块公司	西安中车永电电气有限公司	1200～6500V/75～2400A高压模块，主要面向轨道交通、智能电网等高压领域
	西安爱帕克电力电子有限公司	600～1200V/50～400A模块
	江苏宏微科技股份有限公司	600～1200V/15～60A 单管、600～1700V/15～800A 模块，应用于特种电源、电焊机、UPS、逆变器、变频器等领域
	南京银茂微电子制造有限公司	600～1700V/15～200A模块，应用于工业变频、新能源、电源装备等
	嘉兴斯达半导体有限公司	600～3300V/1800～3700A模块
	深圳比亚迪微电子有限公司	工业级IGBT模块、汽车级IGBT模块（新能源车用与上海先进合作）、600V IGBT单管、IGBT驱动芯片
设计公司	江苏中科君芯科技有限公司	国内唯一全面掌握650～6500V全电压段IGBT芯片技术企业，面向电磁感应加热、变频家电、逆变焊机、工业变频器、新能源等领域
	西安芯派电子科技有限公司	650～1700V/80～600A IGBT，应用于电源管理、电池管理、电机控制及充电桩等领域
	无锡紫光微电子有限公司	600V/1200V/1350V，用于交/直流驱动、不间断电源、电磁炉、通用逆变器、开关和共振模式电源供给等

（续表）

分　类	公司名称	主要产品
	宁波达新半导体有限公司	单管、模块、面向逆变焊机、工业领域、白色家电、充电桩、UPS 电源、光伏逆变器、空调、电磁感应加热
	科达半导体公司	600V、1200V 单管、模块，应用于电磁炉、小功率逆变器、逆变焊机、无刷马达控制器、UPS、开关电源、液晶电视及显示器、太阳能应用等领域
制造公司	中芯国际集成电路制造（上海）有限公司	集成电路晶圆代工企业
	华润上华科技有限公司	1200V phanar NPT IGBT 工艺
	深圳方正微电子有限公司	提供功劳分立器件 IGBT 晶圆制造技术
	上海先进半导体制造股份有限公司	代工企业
	上海华虹宏力半导体制造有限公司	拥有 600～1200V Trench FS 及 1700V Trench NPT 工艺；3300～6500V 高压芯片工艺正在研发

资料来源：公开信息，联盟整理

第三章　IGBT 供需分析

- 第一节　IGBT供应分析
- 第二节　IGBT需求分析
- 第三节　IGBT进出口情况
- 第四节　未来供需预测

第一节　IGBT 供应分析

一、总体规模及增长

近年来，在下游市场需求的推动下，我国 IGBT 产量呈逐年上升趋势，年平均增速超 10%。2016 年，我国 IGBT 产量为 565 万只，同比增长 13%。2011—2016 年我国 IGBT 产量及其增速如图 1 所示。

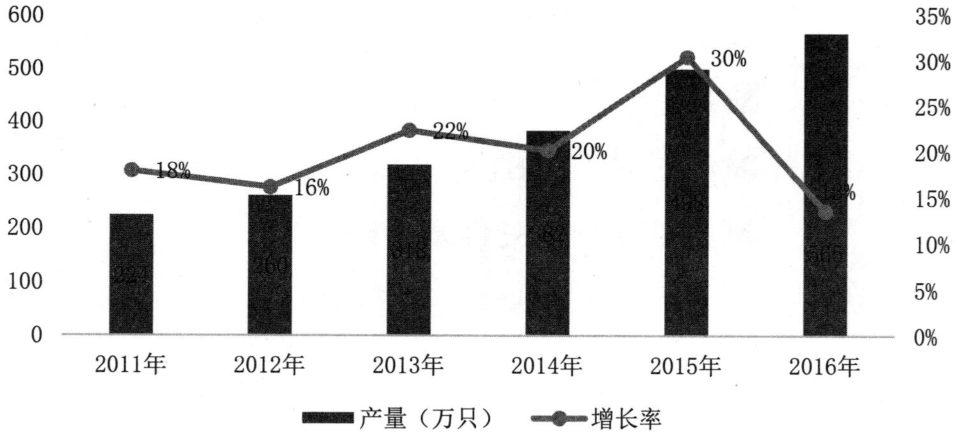

图 1　2011—2016 年我国 IGBT 产量及其增速

数据来源：中国产业信息网，联盟整理

2016 年我国 IGBT 市场规模约为 105.4 亿元，约占全球市场的 44%。2008—2016 年我国 IGBT 市场规模如图 2 所示。

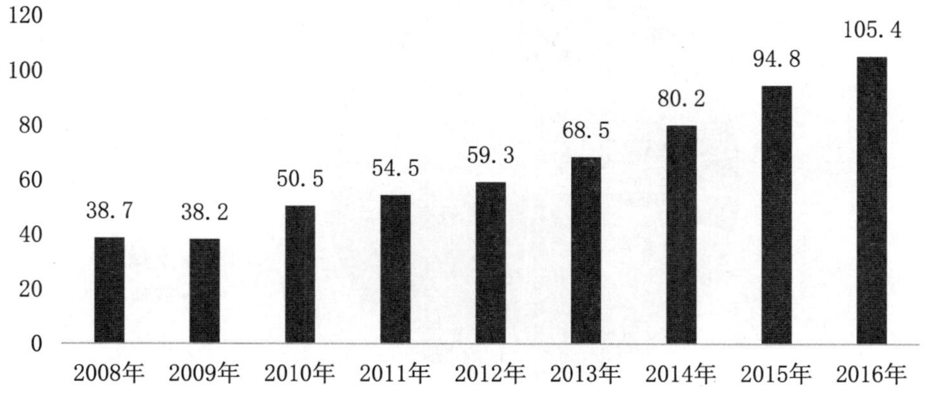

图 2　2008—2016 年我国 IGBT 市场规模（单位：亿元）

数据来源：中国产业发展研究网，联盟整理

二、供应市场的格局分布

1. 全球供应市场格局

据调研机构 IHS 于 2016 年公布的报告可知，英飞凌以独占全球 24.5%的份额高居榜首，三菱则以 24.4%的份额位列第二，另一日系大厂富士电机以 12.2%的占有率列第三。其他排名依次为：赛米控（Semikron）、日立（Hitachi）、安森美（ON）、威科（Vincotech）、ABB（瑞士最大的 IGBT 厂商）、仙童（Fairchild，已被 ON 收购）、丹佛斯（Danfoss）、嘉兴斯达（Starpower）、东芝（Toshiba）、艾赛斯（IXYS）、CRRC（中国中车）、IR（国际整流器）。全球 IGBT 市场份额占比如图 3 所示。

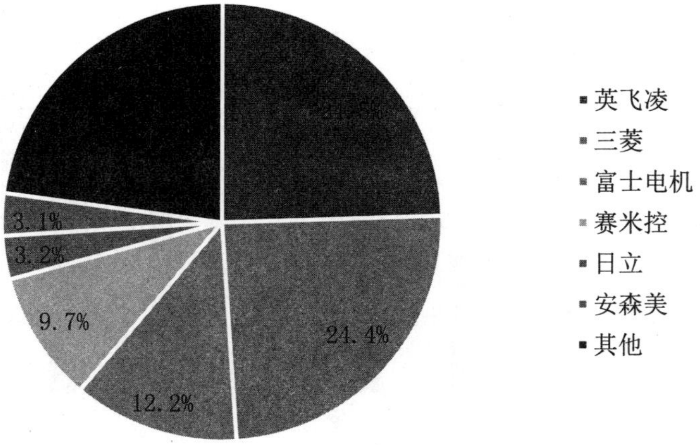

图3 全球IGBT市场份额占比

数据来源：IHS，联盟整理

2. 我国供应市场格局

我国IGBT需求主要由国外厂商满足，约占总需求的90%。目前我国IGBT主要由英飞凌、三菱、富士电机、ABB、仙童等厂商提供。我国IGBT市场份额占比如图4所示。供应品牌所属国家见表1。

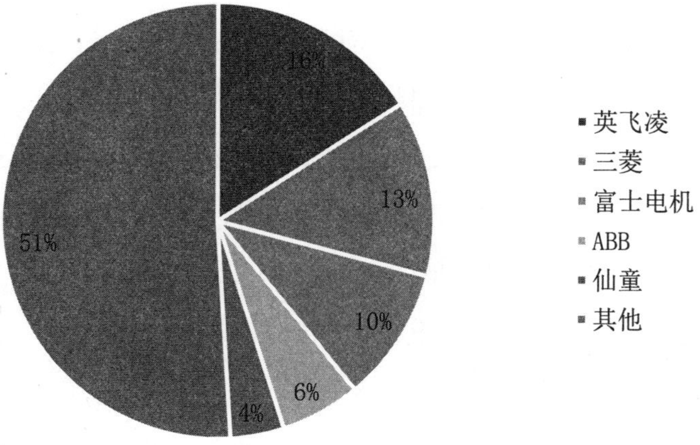

图4 我国IGBT市场份额占比

数据来源：公开信息，联盟整理

表 1 供应品牌所属国家

供应商	国　家	供应商	国　家
英飞凌	德国	ABB	瑞士
三菱	日本	仙童	美国
富士电机	日本	赛米控	德国

资料来源：公开信息，联盟整理

三、主要销售模式

IGBT 芯片一般采取“设计+代工”模式，即由设计公司提出芯片设计方案，由国内的一些集成电路公司代工生产。由于代工生产的集成电路公司大多没有独立的功率器件生产线，只能利用现有的集成电路工艺完成芯片加工，所以设计生产的多为低压芯片。

第二节　IGBT 需求分析

一、总体需求规模及增长

2016 年，我国 IGBT 需求量约为 5650 万只，同比增长 13%。2011—2016 年，IGBT 需求量年复合增长率约为 15%。2011—2016 年我国 IGBT 需求量及其增速如图 5 所示。

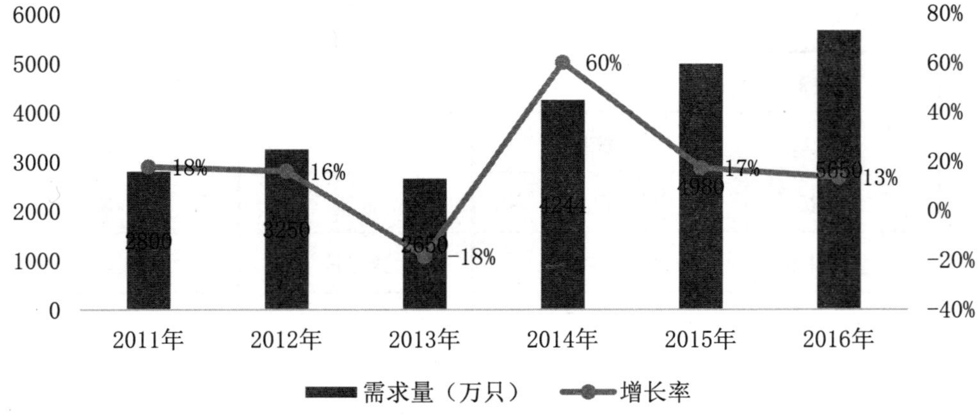

图 5　2011—2016 年我国 IGBT 需求量及其增速

数据来源：公开信息，联盟整理

二、重点需求行业

IGBT 广泛应用于新能源汽车、轨道交通、智能电网等领域。重点领域具体应用见表 2。

表 2　重点领域具体应用

应用领域	具体应用
新能源汽车	IGBT 是新能源汽车动力系统核心中的核心，主要应用于电动控制系统、车载空调控制系统、充电桩逆变器三个子系统中，约占整车成本的 7%～10%，是除电池以外成本第二高的元件，也是决定整车能源效率的关键器件
轨道交通	IGBT 是轨道交通车辆牵引变流器和各种辅助变流器的主流电力电子器件。国外的地铁或轻轨车辆辅助系统都采用方案多样的 IGBT 器件。动车组中，主变流器的开关使用耐压高达 6500V/600A 的 IGBT 器件，辅助变流器采用开关频率为 1950Hz 的 PWM 技术，由 3 台双 IGBT 和相关反并联二极管组成，每台双 IGBT 组成三相中的一相

（续表）

应用领域		具体应用
智能电网	发电端	风电、光伏发电等都是智能电网发电端的重要组成部分。光伏逆变器是光伏发电系统中不可缺少的重要组成部分，IGBT是逆变器的重要部件，决定着逆变器的性能。IGBT 产品主要应用于风电变流装置中，是风电变流器的核心部件
	输变电端	IGBT 主要用于柔性直流输电系统中换流阀、无功补偿装置、电力电子变压器。柔性直流输电技术应用于可再生能源并网、分布式发电并网、孤岛供电、大型城市电网供电等方面
	用电端	IGBT 主要用于家用白电、微波炉、LED 照明驱动，是变频器的关键零部件

资料来源：公开信息，联盟整理

三、不同行业的需求特点

由于各行业的特点及 IGBT 在各行业的应用点不同，各行业对 IGBT 的需求也有所不同。

智能电网在变电、输电和配电环节所需要的 IGBT 必须满足高压大功率，且因电网的特殊性，实现电网的安全稳定运行至关重要，因此也对 IGBT 的稳定性提出了要求。

对于新能源汽车用 IGBT 而言，一方面由于道路的复杂性，车辆行驶中会受到较大的振动和冲击，对 IGBT 强度要求较高；另一方面，由于汽车频繁启停会引起 IGBT 壳温的上升，对散热提出了较高要求。除此之外，新能源汽车用 IGBT 对寿命、工作温度等均有特殊要求。汽车级 IGBT 要求见表 3。

表 3　汽车级 IGBT 要求

指　标	工业级要求	汽车级要求
寿命	5～10 年	≥100 000km 或≥15 年
温度冲击周次数	-40～150℃，50 次	-40～150℃，1 000 次

（续表）

指　标	工业级要求	汽车级要求
温度循环周次数	Δ*T*c=80℃，12 000 次	Δ*T*c=80℃，30 000 次
功率循环周次数	Δ*T*j=80℃，100 000 次	Δ*T*j=80℃，400 000 次
最高结温	125℃/150℃	175℃

资料来源：中车时代电气，联盟整理

第三节　IGBT 进出口情况

我国 IGBT 产业起步较晚，目前国产化率仅为 10%，其余 90%的 IGBT 器件仍依赖进口。2016 年，我国 IGBT 进口量约为 5000 万只。市场主要被欧洲、美国、日本企业垄断。2011—2016 年我国 IGBT 进口量及国产化率如图 6 所示。

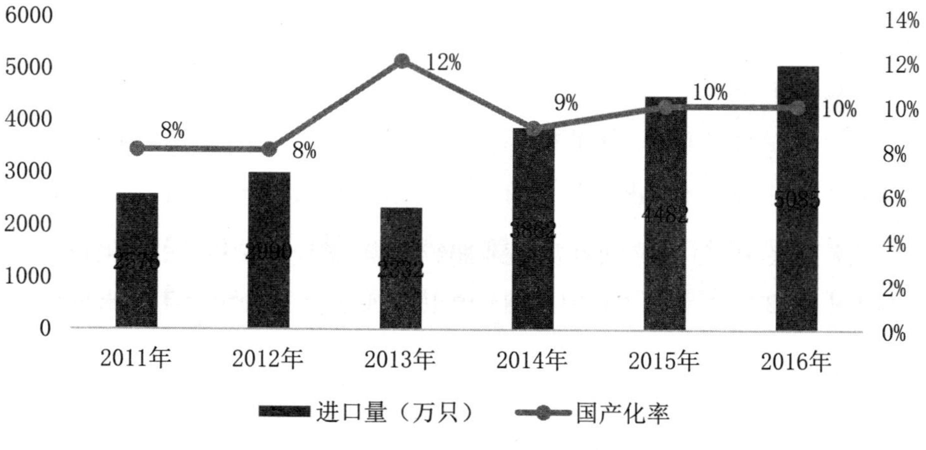

图 6　2011—2016 年我国 IGBT 进口量及国产化率

数据来源：中国产业信息网，联盟整理

第四节 未来供需预测

一、行业发展影响因素

1. 驱动力

在政策和市场的双重推动下，我国 IGBT 产业正面临着重要发展机遇。

（1）政策驱动

新能源、节能环保等政策为 IGBT 产业注入发展动力。“十二五”以来，我国节能减排力度不断加大，并推出一系列政策措施推动清洁能源和节能环保产业发展。实现国家节能减排目标的关键有两点，一是要有效降低工业生产过程中大电流和高电压应用的功耗，如交流电机控制、UPS 电源、开关电源、变频器、有源滤波器、工业传动装置等；二是要提高新能源领域的能源转换效率，如提高逆变器、风力发电设备等的转换效率。而上述设备的关键核心器件就是 IGBT。

国家对新能源汽车、风力发电、太阳能发电等领域的支持将进一步促进 IGBT 产业的发展。如在新能源汽车领域，根据《节能与新能源汽车产业发展规划（2012—2020 年）》，到 2020 年，我国纯电动车（EV）和插电式混合动力汽车（HEV）生产能力要达到 200 万辆，累计销量超过 500 万辆；《电动汽车充电基础设施建设发展规划》提出，到 2020 年我国充电桩要达到 450 万个，充电站达到 1.2 万座。IGBT 模块作为 HEV/EV、充电桩的核心部件，存在巨大的市场空间。

此外，工业和信息化部统筹部署并积极落实电子信息领域工业强基工程，重点支持电子级多晶硅、高速光通信器件、高速连接器、硅衬底 GaN 基 LED、

IGBT 等核心电子元器件及关键材料的研发和产业化，也将进一步助力 IGBT 产业的发展。

（2）市场驱动

IGBT 下游应用市场如新能源汽车、轨道交通等持续快速增长，将推动 IGBT 产业的发展。例如，随着以轨道交通为代表的市场兴起，中国已经成为全球 IGBT 最大的需求市场。

由于在节能领域的重要性和应用领域的广泛性，加上国家政策的鼓励支持，IGBT 将受益于广阔的应用空间带来的发展机遇和国产化契机。

2. 阻碍因素

制约产业发展的问题和瓶颈仍然突出，具体表现为自主创新能力比较薄弱、核心技术储备严重不足。由于持续、稳定的技术创新及产业化投入不足，IGBT 设计和研发方面人才奇缺，加之国外在 IGBT 产业化技术方面对我国严密封锁。以及 IGBT 技术本身的特殊复杂性，造成我国缺少该器件的产业化设计、生产、封装、测试和可靠性试验技术，尤其是 IGBT 芯片设计制造的自主创新能力薄弱。部分企业或机构即使掌握了部分关键技术，但整体上创新成果水平仍明显滞后于国际同行。技术储备严重不足，极大地制约了 IGBT 器件的国产化进程。

二、未来预测

预计到 2020 年，我国 IGBT 市场规模将达到 200 亿元，约占全球市场份额的一半。我国 IGBT 市场规模预测如图 7 所示。

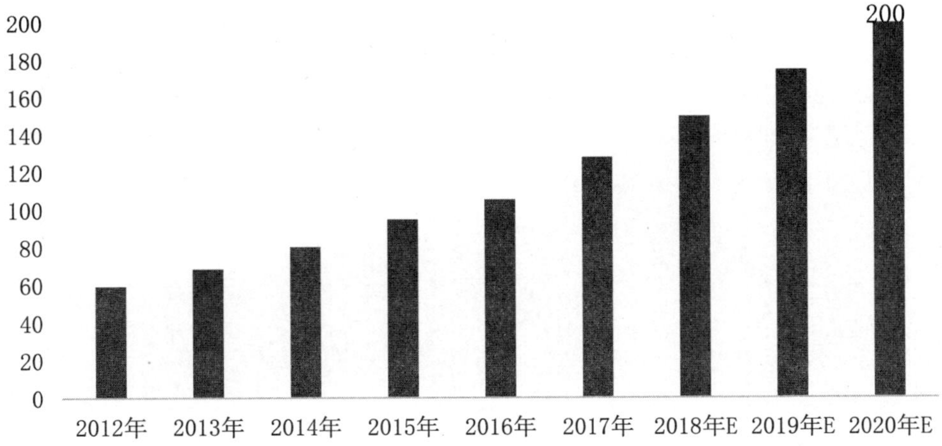

图 7 我国 IGBT 市场规模预测

数据来源：IHS，联盟整理；图中年代后“E”表示估计值

预计到 2020 年，我国轨道交通用 IGBT 将占到 IGBT 总需求量的 28%，智能电网用 IGBT 约占 13%，新能源汽车用 IGBT 约占 12%。2020 年中国 IGBT 市场各应用领域需求如图 8 所示。

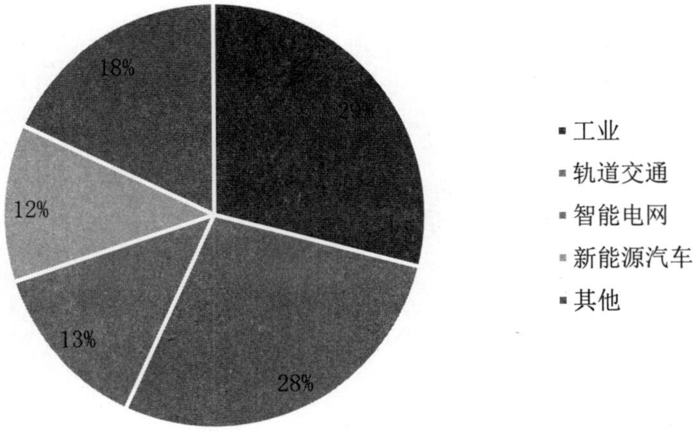

图 8 2020 年中国 IGBT 市场各应用领域需求

数据来源：中国产业信息网，联盟整理

第四章　IGBT 上游原材料企业

- 第一节　多晶硅企业
- 第二节　单晶硅企业
- 第三节　电子气体企业
- 第四节　光掩膜版企业
- 第五节　光刻胶企业
- 第六节　CMP材料企业
- 第七节　溅射靶材企业
- 第八节　封装材料企业

第一节　多晶硅企业

一、江苏中能硅业科技发展有限公司

1. 企业简介

江苏中能硅业科技发展有限公司（简称“中能硅业”）于 2006 年 3 月在江苏省徐州市经济开发区成立，是香港上市公司保利协鑫（股票代码：HK3800）全资控股的高纯多晶硅生产企业，中国矿业大学校企合作单位。

2. 主要产品

中能硅业主要从事太阳能级多晶硅片的研发、生产及销售业务，目前是全球最大的硅片企业。

3. 企业规模

中能硅业拥有目前世界上单体投资规模最大的多晶硅生产基地，每月多晶硅产量超千吨，为天合光能、晶澳太阳能、尚德电力、阿特斯等太阳能企业提供了七成以上的高纯多晶硅原料。2017 年，中能硅业营业收入为 2 000 119.47 万元，较上年同期增长 1.07%，净利润为 191 019.05 万元，较上年同期下降 11.03%。中能硅业 2016—2017 年财务数据见表 1。

表 1　中能硅业 2016—2017 年财务数据

财务指标	2017 年	2016 年	同比（%）
营业收入（万元）	2 000 119.47	1 978 980.93	1.07
净利润（万元）	191 019.05	214 695.13	-11.03

数据来源：公司审计报告，联盟整理

2016 年，中能硅业生产多晶硅 69 345 吨，销量 71 000 吨，在全球市占率（市场占有率）约 23%；共生产硅片 1 733 万千瓦，销量 1 752 万千瓦，全球市占率约 30%左右，两项均列全球第一。

4. 主要优势

中能硅业引进德国、美国、日本等世界领先的改良西门子法多晶硅生产工艺，深化组合、集成再造，打造出了具有自主知识产权的 GCL 法工艺，实现了具有特色的多晶硅生产“绿色”制造，同时依靠自主研发，实现物料循环利用及“零排放”。

二、新特能源股份有限公司

1. 企业简介

新特能源股份有限公司（简称“新特能源”）是特变电工控股子公司，是专业从事光伏新能源产品研制及技术研发的高新技术企业，股票代码为 1799.HK。在光、风等电力工程项目领域，新特能源致力于提供从项目开发、投（融）资、设计、建设到运营维护的全生命周期的解决方案及全系列并网逆变器等新能源核心产品，现已承建的 5 000 多座离网、并网新能源电站，装机容量超过 700 万千瓦，连续三年国内光伏安装量第一，是全球最大的光伏、风电 EPC 服务商。新特能源配套建设新疆新特新能建材有限公司、纳米材料公司、氮化硅等分公司延伸产业链，实现绿色环保全循环生产。

2. 主要产品

在多晶硅产品制造领域，新特能源具备 3 万吨的生产能力。

3. 企业规模

2017 年，新特能源多晶硅产能达 3 万吨/年，居全球第四、中国第二，实现营业收入 1 142 095.10 万元，较上年同期下降 4.84%，净利润 107 067.10 万元，较上年增长 33.64%。新特能源 2016—2017 年财务数据见表 2。

表 2 新特能源 2016—2017 年财务数据

财务指标	2017 年	2016 年	同比（%）
营业收入（万元）	1 142 095.10	1 200 130.30	−4.84
净利润（万元）	107 067.10	80 113.30	33.64

数据来源：公司年报，联盟整理

4. 主要优势

依托国家级企业技术中心、国家地方联合工程研究中心、两个海外研发中心等科研平台，新特能源建立了技术过硬、自主创新能力强的全球性研发团队。目前新特能源累计获得国家专利 332 项，包含 PCT 申请 5 项，成为国内光伏行业拥有自主研发产权最多的企业；参与制订国家、行业、地方标准 74 项；完成新产品鉴定 20 余项；开发新产品、新工艺项目共计 90 余项；先后被评为全国创新型示范企业、全国优秀循环经济企业。同时承担国际科技合作项目、国家“十二五”科技支撑项目、智能制造试点项目等国家及地方科研项目 100 余项，技术创新项目 290 多项，荣获国际发明展览会奖、中国专利奖等众多科技荣誉。

三、四川永祥股份有限公司

1. 企业简介

四川永祥股份有限公司（简称“永祥股份”）成立于 2002 年 11 月，是通威集团控股的通威股份有限公司（股票代码：600438）旗下的一家大型民营科技型企业。永祥股份致力于打造和完善化工及新能源产业链，实现了从“盐卤、烧碱、聚氯乙烯到电石渣水泥”和从“氯化氢、三氯氢硅到多晶硅新能源”的新能源与化工完整结合的循环经济产业链。

2. 主要产品

永祥股份主要业务涉及高纯晶硅、高效硅片、聚氯乙烯、离子膜烧碱、综合利用电石渣水泥。目前高纯晶硅产能达 2 万吨/年、高效硅片 600MW/年、聚氯乙烯 12 万吨/年、离子膜烧碱 15 万吨/年、电石渣综合利用水泥 100 万吨/年。同时，随着位于乐山的四川新能源公司（5 万吨高纯晶硅及配套新能源项目，一期高纯晶硅产能 2.5 万吨/年）和位于包头的内蒙古通威项目（5 万吨高纯晶硅及配套新能源项目，一期高纯晶硅产能 2.5 万吨/年）的启动，计划于 2018 年建成，永祥股份高纯晶硅产能将达到 12 万吨/年。

3. 企业规模

2017 年，永祥股份多晶硅销量 1.6 万吨，同比增长 32.25%，实现了产销平衡；毛利率 46.83%，同比提高 5.8 个百分点。永祥股份 2017 年实现净利润 5.3 亿元。[①]

4. 主要优势

永祥股份通过引进国外先进技术和设备，结合国内成熟工艺进行多晶硅新工艺的开发和改进，成功研发了“永祥法”技术，产品质量行业领先，部分产品纯度达 99.99999999%。

① 相关数据来源于通威股份年报。

第二节　单晶硅企业

一、隆基绿能科技股份有限公司

1. 企业简介

隆基绿能科技股份有限公司（简称“隆基股份”）成立于2000年，股票代码为 601012，长期专注于为全球客户提供高效单晶太阳能发电解决方案，主要从事单晶硅棒、单晶硅片、太阳能电池片和电池组件的研发、生产和销售，以及光伏地面电站和分布式电站的投资开发、建设及运营业务等。隆基单晶硅是隆基股份旗下三大品牌之一，硅片、硅棒生产基地以西安为中心进行产业布局和优化，包括银川、中宁、无锡、楚雄、保山和丽江等地。

2. 主要产品

隆基股份的主要产品为单晶硅棒、单晶硅片、太阳能电池片、太阳能电池组件等。

3. 企业规模

2017 年，隆基股份营业收入为 1 636 228.45 万元，同比增长 41.90%；实现净利润 356 452.56 万元，同比增长 130.38%。隆基股份 2016—2017 年财务数据见表 3。

表 3　隆基股份 2016—2017 年财务数据

财务指标	2017 年	2016 年	同比（%）
营业收入（万元）	1 636 228.45	1 153 053.35	41.90
净利润（万元）	356 452.56	154 723.58	130.38

数据来源：公司年报，联盟整理

2017 年，隆基股份单晶硅片出货 21.97 亿片，其中对外销售 11.26 亿片，自用 10.71 亿片，单晶硅片产销率达到 99.57%；2017 年单晶电池组件出货 4 702 MW，实现国内组件出货排名第一，其中单晶组件对外销售 3 508MW，自用 942 MW，单晶组件产销率达到 98.20%；单晶电池对外销售 252 MW。

4. 主要优势

隆基股份自 2015 年起已发展成为全球生产规模最大的单晶硅产品制造商，并实现单晶硅片 100%金刚线切割。隆基股份持续对单晶硅棒的生产工艺进行改良和提升，改进 RCZ 拉晶工艺，降低氧含量、提高晶棒寿命值。

二、晶龙实业集团有限公司

1. 企业简介

晶龙实业集团有限公司（简称“晶龙集团”）始建于 1996 年，是主要从事光伏产业的高科技民营企业，也是领先的光伏企业之一，拥有 30 多家控股和全资子公司。在国内设有 12 个生产研发基地，在海外设有 2 个生产基地和 60 多个营销机构。

2. 主要产品

晶龙集团纵横延伸产业链条，晶体硅年产能 2 万吨、硅片年产能 500 万千瓦、太阳能电池年产能 650 万千瓦、组件年产能 650 万千瓦，并打造了光伏设备、高纯石墨器件、石英坩埚、网版等辅业集群。

3. 企业规模

2016 年，晶龙集团实现营业收入 330.27 亿元，利润 13.6 亿元，上缴税金 10.63 亿元。全国市场占有率达到 10%，全球市场占有率达到 8%。①

① 相关数据来源于晶龙集团官网。

4. 主要优势

晶龙集团坚持以科技创新增强企业核心竞争力，与国内外高等院校及科研机构开展产学研合作，建成国家级企业技术中心和国家地方联合工程实验室，拥有四个产品研发中心、两个博士后工作站，大力开展全员创新，晶体硅制造、硅片切割、太阳能电池及光伏组件光电转换效率等技术始终保持业内领先水平。

第三节 电子气体企业

一、江苏南大光电材料股份有限公司

1. 企业简介

江苏南大光电材料股份有限公司（简称“南大光电”）成立于2000年，股票代码 300346，是一家专业从事先进电子材料——高纯金属有机化合物（MO源）的研发、生产和销售的高新技术企业，南大光电对关键技术拥有完全自主知识产权，亦是全球MO源领导企业之一。

南大光电正积极拓展新的领域，已经开发出多款应用于IC行业的先进电子化学品并通过了客户验证。同时，南大光电通过设立子公司全椒南大光电材料有限公司，进入了特种气体领域，其中砷烷、磷烷已经成功量产并供应多家客户。

2. 主要产品

南大光电的主要产品有MO源钢瓶、四溴化碳（CBr_4）、四氯化碳（CCl_4）、三乙基锑、三甲基锑、二叔丁基碲、二乙基碲、二茂镁（CP_2Mg）、三乙基

镓（TEGa）、三乙基铝、三甲基铝（TMAl）、三甲基铟（TMIn）、三甲基镓（TMGa）。

3. 企业规模

2017年，南大光电实现营业收入17 721.35万元，同比增长74.90%；实现净利润3 383.91万元，同比增长348.28%。南大光电2016—2017年财务数据见表4。

表4 南大光电2016—2017年财务数据

财务指标	2017年	2016年	同比（%）
营业收入（万元）	17 721.35	10 132.55	74.90
净利润（万元）	3 383.91	754.87	348.28

数据来源：公司年报，联盟整理

2017年，南大光电共生产三甲基镓20 435 kg、三甲基铟1 157 kg、三乙基镓1 856 kg、三甲基铝550 kg，各主要产品产量创历史最好成绩。

4. 主要优势

南大光电是电子气体龙头企业，在全球MO源的市场份额中位居第一。南大光电技术来源于1987年成立的“南京大学国家863计划新材料MO源研究开发中心”，是中国最早的MO源生产企业，填补了国家在此领域的空白，为中国的航天国防事业以及LED等产业的发展提供了关键原料的坚实保障。

二、浙江巨化股份有限公司

1. 企业简介

浙江巨化股份有限公司（简称“巨化股份”）成立于1998年6月17日，

由巨化集团公司独家发起，采用募集方式设立的股份有限公司。1998年6月26日，在上海证券交易所上市，股票代码600160。

巨化股份是国内最大的氟化工、氯碱化工综合配套的氟化工制造业基地。巨化股份形成液氯、氯仿、三氯乙烯、四氯乙烯、AHF为配套原料支撑的氟致冷剂、有机氟单体、氟聚合物完整的产业链。巨化股份核心产业氟化工及其他主导产品在规模、技术上处于行业领先水平。

2. 主要产品

巨化股份氟产品系列、有机氯产品系列、硫酸系列获"浙江省名牌产品"。烧碱、聚四氟乙烯、HFC-134a产品被授予2010年度中国石油和化学工业知名品牌产品。

3. 企业规模

2017年，巨化股份营业收入为1 376 803.78万元，同比增长36.30%；实现净利润93 546.06万元，同比增长518.57%。巨化股份2016—2017年财务数据见表5。

表5 巨化股份2016—2017年财务数据

财务指标	2017年	2016年	同比（%）
营业收入（万元）	1 376 803.78	1 010 093.93	36.30
净利润（万元）	93 546.06	15 123.00	518.57

数据来源：公司年报，联盟整理

4. 主要优势

巨化股份主导产品规模国内领先，其核心业务氟化工处国内龙头地位（其中第三代氟致冷剂处全球龙头地位），特色氯碱处国内龙头地位，主要产品采用国际先进标准生产。

三、广东华特气体股份有限公司

1. 企业简介

广东华特气体股份有限公司（简称“华特气体”）创建于1993年，华特气体以广东佛山为产品研发基地，分别在广东、江西、浙江、陕西、湖北、湖南、香港等地设立了十余家全资子公司。现已成为国内最大的民营特种气体及相关设备企业之一。华特气体的产品出口到47个国家和地区。

2. 主要产品

华特气体专业从事气体及气体设备的研发和生产，气体产品覆盖普通工业气体、电子工业用气体、电光源气体、超高纯气体、标准气体、激光气体、医用气体、食品工业用气体等十几个系列共200多个品种，并不断研发新产品满足市场需求。生产低温绝热气瓶、汽化器、LNG应急撬等气体设备，安装超高纯气体及工业气体应用配套设备等。

3. 企业规模

2016年，华特气体实现营业收入65 501.58万元，同比下降4.67%，其中特种气体占营业收入的51.50%；实现净利润3 824.02万元，同比下降24.86%。主要原因是为加强市场拓展，销售费用有所增加。华特气体2015—2016年财务数据见表6。

表6 华特气体2015—2016年财务数据

财务指标	2016年	2015年	同比（%）
营业收入（万元）	65 501.58	68 711.34	-4.67
净利润（万元）	3 824.02	5 089.14	-24.86

数据来源：公司年报，联盟整理

4. 主要优势

华特气体自主研发生产的气体包括全系列高纯氟碳气体，如 C_2F_6、CHF_3、C_3F_8、C_4F_8、CF_4，以及 CO、CO_2、SF_6、NO、NH_3、GeH_4 等高纯气体，P 气、N 气和硅烷、磷烷、乙硼烷等电子混合特气。在我国工业气体市场，华特气体的产品已经部分替代了进口，并且出口到多个国家和地区，其中 C_2F_6、NH_3、C_4F_8、CHF_3、CO_2、NO、CF_4、SF_6、氪氖稀混光刻混合气等气体品种已广泛应用于国内 8 英寸以上芯片制造领域。

第四节 光掩膜版企业

一、无锡华润微电子有限公司掩模工厂

1. 企业简介

无锡华润微电子有限公司（简称“华润微电子”）是华润集团旗下负责微电子业务投资、发展和经营管理的高科技企业，亦是中国本土规模和影响力最大的综合性微电子企业之一。华润微电子业务包括集成电路设计、掩模制造、晶圆制造、封装测试及分立器件，目前拥有 6～8 英寸晶圆生产线 4 条、封装生产线 2 条、掩模生产线 1 条、设计公司 4 家，是国内唯一拥有齐全半导体产业链的企业。

1989 年，由原中国华晶电子集团公司的五分厂制版组与中央研究所三室合并成立掩模制造中心；2002 年，被华润微电子收购，掩模制造中心变更为无锡华润微电子有限公司掩模工厂（简称“华润掩模”）。

2. 主要产品

华润掩模的主要产品有 0.18μm 及以上 Stepper 掩模、3″x5″UT 掩模、1:1

Array 掩模、拷贝光掩模。

3. 企业规模

华润掩模占据国内中档产品 50%左右的市场，新品掩模年产量为 8000 片左右，工作掩模年产量为 3 万片。

4. 主要优势

华润掩模是国内最早从事光掩模制造的专业企业，拥有国内领先、配套齐全的光掩模制造设备、一流的厂房设施、优良的工艺技术、严密的质量控制和信息安全保护措施。

二、深圳清溢光电股份有限公司

1. 企业简介

深圳清溢光电股份有限公司（简称“清溢光电”）由创立于 1997 年 8 月的清溢精密光电（深圳）有限公司整体改制而来，是中国大陆成立最早、规模最大、技术最先进的集研究、设计、生产、销售于一体，专业制作高精度掩膜版的企业。

清溢光电位于有“南中国的硅谷”之称的深圳市高新技术产业园区。2007 年投入使用的位于高新技术产业园区北区的 TFT-LCD 用掩膜版基地清溢光电大厦建筑面积 25 600 平方米，其中 1 级、10 级净化车间超过 1 000 平方米；清溢光电拥有从瑞典、德国、日本、美国、以色列引进的精密光刻制作系统及配套设备。

2. 主要产品

清溢光电产品包括石英掩膜版及苏打掩膜版。清溢光电产品主要应用于平板显示行业、触控行业、半导体行业和电路板行业，这些行业的产品广泛应用于下游消费电子（如手机、笔记本电脑、平板电脑、可穿戴设备）、车载电子、网络通信、家用电器、LED 照明、工控电子等领域。

3. 企业规模

2016 年，清溢光电营业收入为 31 466.32 万元，同比下降 5.82%；实现净利润 4 573.60 万元，同比下降 17.92%。清溢光电 2015—2016 年财务数据见表 7。

表 7 清溢光电 2015—2016 年财务数据

财务指标	2016 年	2015 年	同比（%）
营业收入（万元）	31 466.32	33 409.23	−5.82
净利润（万元）	4 573.60	5 572.25	−17.92

数据来源：公司招股说明书，联盟整理

石英掩膜版为清溢光电最主要产品，2016 年石英掩膜版收入为 19 941.68 万元，占总营业收入的 67.06%。2016 年清溢光电各产品收入占比见表 8。

表 8 2016 年清溢光电各产品收入占比

产品类别	收入（万元）	占比（%）	同比（%）
石英掩膜版	19 941.68	67.06	1.66
苏打掩膜版	8 762.72	29.47	−22.79
其他	1 032.08	3.47	−2.56

数据来源：公司招股说明书，联盟整理

4. 主要优势

清溢光电是国内少有的实现了专项产品领域全产品覆盖的掩膜版企业。与国内竞争对手相比，清溢光电产品种类齐全，包括平板显示用掩膜版、触控用掩膜版、半导体用掩膜版和电路板用掩膜版等，产品覆盖面广，涵盖了电子元器件制造业的主要细分行业。

清溢光电采用行业顶尖的设计软件包括 InCAM、Aether FPD、Synopsys CATS、Synopsys Laker、Genesis 2000、Stella Vision 等，并对这些软件进行二次开发，增强了软件对掩膜版行业的适用性，提高了应用效率；清溢光电根据掩膜版行业的特性，自主开发了 QYCAM 辅助设计软件，对客户的产品参数进行设计规则检查和图形元素符合性检查，自动进行图形逻辑处理、优化及对比检查，将客户参数转换为符合掩膜版制造要求的数据格式，极大地提高了产品设计效率及质量。

第五节　光刻胶企业

一、北京科华微电子材料有限公司

1. 企业简介

北京科华微电子材料有限公司（简称“科华公司”）成立于 2004 年 8 月 13 日，是集光刻胶研发、生产、检测、销售于一体的中外合资企业，同时也是中国第一个在光刻胶领域拥有自主知识产权的高新技术企业。

科华公司在美国波士顿设有研发实验室，开展树脂和光刻胶合成及相关基础评价，同时与美国的 Nanotech、Triangle National Lab(TNL)和 Georgia Institute of Technology(GIT)及美国的光刻胶原料公司 Dupont、DayChem 等均建立了良好的合作关系。

科华公司拥有较高的生产线设计和建设实力，2009 年建成投产的国内第一条具有自主知识产权的紫外正性光刻胶生产线，结束了集成电路用高分辨

g 线正胶、i 线正胶完全依赖进口的局面。

2. 主要产品

科华公司主要产品为光刻胶和与之配套的试剂（稀释剂、去边剂、显影液及剥离液等）。

3. 企业规模

科华公司建有国内第一条拥有自主知识产权的 500 吨/年规模高档正胶和 1000 吨/年规模的正胶配套试剂生产线及年产百吨级的紫外负性光刻胶与千吨级的负胶配套试剂生产线。

4. 主要优势

科华公司拥有先进的分析测试与应用测试平台。2009 年科华公司建成了 i 线光刻胶应用实验室，配有最小分辨率达 0.45μm 的 Nikon 步进式曝光机、Track 和 CD SEM，可以对 g/i 线光刻胶进行全面的应用评估。2012 年科华公司依托 02 国家重大专项建成了 248nm 光刻胶分析测试及应用测试平台，平台配有 ASML PAS5500/800 扫描式曝光机，其最小分辨率可达 0.11μm，TEL ACT8 涂胶显影一体机和 Hitachi S9220 CD SEM；同时科华公司配有 Hitachi S4800 X SEM 可以对光刻胶的形貌进行分析。上述分析测试与应用测试设备确保了科华公司有足够的硬件条件进行光刻胶的开发。

2012 年建成了国内第一条 248nm 深紫外光刻胶的生产线，更使得企业成为国内唯一一家拥有高档光刻胶自主研发及生产实力的光刻胶公司，并跻身于世界前十名。

2014 年，科华公司通过了三安、华灿、德豪、蓝光等国内最大的 LED 企业的技术验证与客户端评价，更通过了全球最大的 LED 企业——台湾晶电公司的验证评价，获得了首肯并取得第一笔订单，成为全球 LED 行业光刻胶的主企业之一。同期科华公司的 248nm 深紫外光刻胶也取得了国内最大的集成电路制造企业中芯国际的订单，更加稳固了其在中国光刻胶领域的领军地位。

二、苏州瑞红电子化学品有限公司

1. 企业简介

苏州瑞红电子化学品有限公司（简称“苏州瑞红”）是国内微电子化学品行业最大的专业工厂之一，是苏州电子材料集团和日本 Zeon 公司及丸红公司于 1993 年成立的合资公司。苏州瑞红是晶瑞股份的子公司，晶瑞股份股票代码为 300655。苏州瑞红主要生产光刻胶、配套试剂、高纯化学试剂等黄光区湿化学品，应用于 FPD（LCD、TP、OLED、CF）、LED、IC 等相关电子行业。

苏州瑞红拥有国内一流的光刻胶检测评价装置，符合现代微电子化学品概念的净化管理。苏州瑞红先后承担过国家“八五”攻关项目、科技部创新基金项目、“863”重大专项，国家级重大专项 02 项目等，拥有数项国家发明专利和高新技术产品，是江苏省高新技术企业。

2. 主要产品

苏州瑞红的正性光刻胶产品有 RZJ-306、RZJ-3200、RZJ-304、RZJ-390H、RZJ-390PG，负性光刻胶产品有 RFJ-220、RFJ-210 等。

3. 企业规模

2017 年，苏州瑞红实现营业收入 30 493.26 万元，同比增长 16.44%，实现净利润 3 837.88 万元，同比增长 71.37%。苏州瑞红 2016—2017 年财务数据见表 9。

表 9　苏州瑞红 2016—2017 年财务数据

财务指标	2017 年	2016 年	同比（%）
营业收入（万元）	30 493.26	26 189.05	16.44
净利润（万元）	3 837.88	2 239.53	71.37

数据来源：晶瑞股份年报，联盟整理

4. 主要优势

苏州瑞红已经掌握 g 线正胶、i 线正胶和环化橡胶负胶，正进行 KrF（248nm）深紫外光刻胶的研发。

三、上海飞凯光电材料股份有限公司

1. 企业简介

上海飞凯光电材料股份有限公司（简称“飞凯材料”）成立于 2002 年，股票代码 300398，是一家研究、生产、销售高科技制造中使用的材料和特种化学品的专业公司。飞凯材料在安徽省安庆市、广东省惠州市建有大规模生产基地；并在天津、成都、杭州、南京、昆山、深圳，并在美国旧金山、亚特兰大、日本神奈川、韩国首尔、印度班加罗尔等地设有办事机构或联络点，在台湾地区的高雄也设立了分支机构，构成了以上海为中心的国内外销售服务网络。

2. 主要产品

飞凯材料光刻胶及其配套产品包含：LPR 液态感光线路油墨与 LED 光阻。KP 系列液态光刻胶（KP6000/KP7000/KP7100）是树脂型的适用于辊涂工艺的负性液态感光型线路油墨，应用于生产高精度线路板（内层线路制造）。该系列产品具有解析度好（25μm）、表面硬度高（H）、铜面附着力好、抗蚀刻能力强及产品良率高等特点。在相同的 DES 设备和标准湿法化学工艺条件下，本产品与干膜有相同的效果。飞凯材料生产的 KX 系列 LED 光阻产品，主要包括芯片正胶、负胶、干法 PSS 胶、湿法 PSS 胶及临时粘贴剂等光阻配套产品。

3. 企业规模

由于核心产品紫外固化光纤光缆涂覆材料市场竞争较为激烈，为保持并提高市场占有率，飞凯材料在竞争中采取适度降价策略，导致产品销售毛利率略有下降，同时飞凯材料依然加大研发投入，最终形成销售收入与利润下降的情况。2017 年，飞凯材料营业收入 82 036.76 万元，较上年同期增长 109.79%；归属于母公司所有者的净利润为 8 381.24 万元，较上年同期增长 23.64%。飞凯材料 2016—2017 年财务数据见表 10。

表 10 飞凯材料 2016—2017 年财务数据

财务指标	2017 年	2016 年	同比（%）
营业收入（万元）	82 036.76	39 104.02	109.79
净利润（万元）	8 381.24	6 778.68	23.64

数据来源：公司年报，联盟整理

4. 主要优势

作为我国主要的光纤光缆涂覆材料企业之一，飞凯材料率先打破国外公司对紫外固化光纤光缆涂覆材料的技术垄断，抢占市场先机，逐步树立了飞凯材料在紫外固化光纤光缆涂覆材料行业的领先地位。飞凯材料的产品还广泛应用于、IC 先进封装、LED 制造、TFT-LCD、PCB、SMT 等诸多电子制造领域。

第六节　CMP材料企业

一、安集微电子（上海）有限公司

1. 企业简介

安集微电子（上海）有限公司（简称“安集微电子”）成立于2004年，是一家以自主创新为基础的高科技微电子材料公司，主要从事IC行业用化学机械抛光液、清洗液等化学品的研发、生产、销售及技术服务。

2. 主要产品

安集微电子的典型应用产品有化学机械抛光液（AEP U3060、AnjiTCU2000-H6S、AEP D2000E等）、光刻胶去除剂（IDEAL Clean 960、BPC1000、BPC3000等）。

3. 企业规模

安集微电子CMP材料月产量20 000瓶（罐）。

4. 主要优势

安集微电子是国内唯一一家能提供12 in IC抛光液的本土企业，是国内主流光刻胶去除剂企业，其生产的铜/铜阻挡层抛光液已成功进入国内外12in客户芯片生产线使用，主要产品已经进入45nm、40nm及以下的技术节点。

二、湖北鼎龙控股股份有限公司

1. 企业简介

湖北鼎龙控股股份有限公司（简称“鼎龙股份”）创立于2000年，是一家从事功能材料、光电材料、集成电路设计及制程材料等研发生产，以及数字图文云快印业务的国家高新技术企业、国家创新型企业、创业板上市公司，股票代码300054。旗下拥有湖北鼎汇微电子材料有限公司、湖北三宝新材料有限公司、湖北爱视觉传播科技有限公司、珠海名图科技有限公司、珠海科力莱科技有限公司、珠海鼎龙新材料有限公司、杭州旗捷科技有限公司、深圳超俊科技有限公司、宁波佛莱斯通新材料有限公司、南通龙翔新材料科技股份有限公司、山东世纪开元电子商务有限公司11家全资及参股或控股子公司。

2. 主要产品

鼎龙股份已形成打印复印耗材全产业链、集成电路设计及制程材料、云快印业务三大板块的产业布局。在国际高端细分领域相继开发出彩色聚合碳粉、通用耗材芯片、通用硒鼓、磁性载体、电荷调节剂、充电辊、显影辊、高端颜料、萘环酮类染料、集成电路CMP用抛光垫十大系列高新技术产品。

3. 企业规模

2017年，鼎龙股份营业收入为170 024.03万元，同比增长30.15%；实现净利润33 634.11万元，同比增长40.08%。2017年，CMP抛光垫项目取得巨大突破，产品获得客户认证并顺利取得首张订单，代表国际最先进水平的CMP抛光垫生产线顺利启动量产，和国际高端制程同步的应用评价实验室同时建成并投入运行。鼎龙股份2016—2017年财务数据见表11。

表 11 鼎龙股份 2016—2017 年财务数据

财务指标	2017 年	2016 年	同比（%）
营业收入（万元）	170 024.03	130 633.21	30.15
净利润（万元）	33 634.11	24 010.18	40.08

数据来源：公司年报，联盟整理

4. 主要优势

2017 年 12 月 20 日，鼎龙股份全资子公司湖北鼎汇微电子材料有限公司的一款抛光垫产品通过客户验证，并进入客户供应商体系。这意味着，国内自主研发的 CMP 抛光垫初步接受了市场验证，此举有望打破外资对 CMP 抛光垫的垄断格局。

第七节 溅射靶材企业

一、宁波江丰电子材料股份有限公司

1. 企业简介

宁波江丰电子材料股份有限公司（简称“江丰电子”）创建于 2005 年，专门从事超大规模集成电路芯片制造用超高纯金属材料及溅射靶材的研发生产，填补了国内的技术空白，打破了美国、日本跨国公司相关技术的垄断。2017 年，江丰电子赴创业板上市，股票代码为 300666。

2. 主要产品

江丰电子的主要产品为高纯金属溅射靶材系列，包括铝靶、钛靶、钽靶、钨钛靶等。在超大规模集成电路用高纯金属靶材领域，成功打破美国、日本跨国公司的垄断格局，填补了国内电子材料行业的空白。

3. 企业规模

目前，江丰电子已经成为国内最大的半导体芯片用高纯溅射靶材生产商。2017 年，江丰电子营业收入为 55 002.57 万元，同比增长 24.21%，实现净利润 6 403.46 万元，同比增长 16.55%。江丰电子 2016—2017 年财务数据见表 12。

表 12 江丰电子 2016—2017 年财务数据

财务指标	2017 年	2016 年	同比（%）
营业收入（万元）	55 002.57	44 280.87	24.21
净利润（万元）	6 403.46	5 494.08	16.55

数据来源：公司年报，联盟整理

江丰电子的高纯溅射靶材主要应用于半导体芯片领域，2016 年，其半导体芯片领域的收入占公司主营业务收入的比重为 87.04%。江丰电子主要产品产销情况见表 13。

表 13 江丰电子主要产品产销情况

产品类别	项 目	2016 年	2015 年
铝靶	产量（枚）	22 335	15 974
	销量（枚）	21 508	15 936
	产销率（%）	96.30	99.76

（续表）

产品类别	项　目	2016 年	2015 年
钛靶	产量（枚）	8 509	6 867
	销量（枚）	8 124	7 069
	产销率（%）	95.48	102.94
钽靶	产量（枚）	2 818	1 878
	销量（枚）	2 157	1 593
	产销率（%）	76.54	84.82
钨钛靶	产量（套）	791	731
	销量（套）	732	667
	产销率（%）	92.54	91.24

数据来源：公司招股说明书，联盟整理

4. 主要优势

江丰电子已经掌握了高纯金属溅射靶材生产中的核心技术，形成了晶粒晶向控制、材料焊接、精密加工、产品检测、清洗包装等在内的完整业务流程，通过合理调配机器设备和生产资源自主组织生产，实行柔性化的生产管理。

二、福建阿石创新材料股份有限公司

1. 企业简介

福建阿石创新材料股份有限公司（简称“阿石创”）是于 2015 年 6 月 26 日由福州阿石创光电子材料有限公司整体变更设立的股份有限公司，专业从事各种 PVD 镀膜材料研发、生产和销售，主导产品为溅射靶材和蒸镀材料两个系列产品，主要应用于光学光电子产业，用以制备各种薄膜材料。与京东方、群创光电、蓝思科技、伯恩光学、爱普生、水晶光电等多家知名企业建立了良好的合作关系。

2. 主要产品

阿石创的产品主要包括溅射靶材和蒸镀材料。除溅射靶材、蒸镀材料系列产品外，阿石创还生产镀膜配件、光学元器件配件等其他产品，但其他产品收入占比较小。阿石创主要产品类型见表 14。

表 14 阿石创主要产品类型

产品类型	产品类别	主要产品	主要应用领域
溅射靶材	金属/非金属单质靶材	硅靶材（平面靶）、硅靶材（旋转靶）、铌靶材、铝靶材、钼靶材、铜靶材、银靶材、金靶材等	平板显示、光学元器件、节能玻璃等行业积极；拓展半导体、太阳能电池等行业
	合金靶材	硅铝合金靶材、钨合金靶材、钼合金靶材、锌铝合金靶材、镍铬合金靶材、硅锆合金靶材、金合金靶材等	
	化合物靶材	ITO 靶材（平面靶）、ITO 靶材（旋转靶）、AZO 靶材、氧化铌靶材等	
蒸镀材料	金属及非金属颗粒	铝蒸发料、镍蒸发料、铜蒸发料、银蒸发料、钛蒸发料、硅蒸发料、钒蒸发料、镁蒸发料、锡蒸发料、铬蒸发料、铟蒸发料、银铜蒸发料、金蒸发料、微晶银粉等	光学元器件、LED、平板显示和半导体分立器件等
	氧化物	钛钽合金、锆钛合金、硅铝合金、三氧化二铝、二氧化锆、五氧化三钛、石英环、石英片、氧化铒、钛酸镧等	
	氟化物	氟化镁、氟化镝、氟化镧等	

资料来源：公司公告，联盟整理

3. 企业规模

2017 年，阿石创营业收入为 23 550.92 万元，同比增长 34.86%，其中溅射靶材收入为 18 455.15 万元，约占营业收入的 78%；实现净利润 4 093.21 万元，同比增长 13.62%。阿石创 2016—2017 年财务数据见表 15。

表 15 阿石创 2016—2017 年财务数据

财务指标	2017 年	2016 年	同比（%）
营业收入（万元）	23 550.92	17 463.57	34.86
净利润（万元）	4 093.21	3 602.55	13.62

数据来源：公司年报，联盟整理

4. 主要优势

阿石创产品已在平板显示、光学元器件、节能玻璃等领域得到广泛应用，并已研发出应用于太阳能电池、半导体等领域的多款产品，是国内 PVD 镀膜材料行业产品品种较为齐全、应用领域较为广泛、工艺技术较为全面的综合型 PVD 镀膜材料生产商。

第八节 封装材料企业

一、合肥圣达电子科技实业有限公司

1. 企业简介

合肥圣达电子科技实业有限公司（简称“圣达科技”）成立于 1993 年，是中国电子科技集团公司第四十三研究所（又名“华东微电子技术研究所”）

独资成立的全民所有制企业，主要从事电子陶瓷、电子浆料研发、生产和销售。

2. 主要产品

圣达科技是国内最早从事陶瓷覆铜板及相关陶瓷材料研制的公司，产品覆盖各类覆铜板。圣达科技产品类型见表 16。

表 16 圣达科技产品类型

应用环节	产品种类
轨道交通高压大容量 IGBT（超高压 6500V 和 3300V）模块	AlN-AMB、Si_3N_4-AMB、Al-SiC
新能源汽车 IGBT（电压 600～800V、电流 800A）模块	Si_3N_4-AMB、ZTA-DBC、AlN-AMB、AlN-DBC、Al-SiC
智能电网高电压、大电流 IGBT 器件	Si_3N_4-AMB、ZTA-DBC、AlN-AMB、AlN-DBC、Al_2O_3 氮化铝陶瓷结构件

资料来源：公开信息，联盟整理

3. 企业规模

圣达科技具有国内首条年产 30 吨高性能氮化铝粉体生产线；年产 30 000 平方米氮化铝陶瓷生产线，年产 120 万片全球最完整的陶瓷覆铜板生产线 Al_2O_3-DBC、AlN-DBC、ZTA-DBC，年产 1000 平方米的 Al-SiC 基板生产线及 AMB 研制线 AlN-AMB、Si_3N_4-AMB。

4. 主要优势

圣达科技掌握了氮化铝粉体、氮化铝陶瓷、Al-SiC 基板、各类 DBC 和 AMB 基板（Al_2O_3-DBC、AlN-DBC、ZTA-DBC、AlN-AMB、Si_3N_4-AMB）等批产技术，具备从氮化铝粉体至陶瓷覆铜板在内的完整产业链。

二、苏州晶鼎鑫光电科技有限公司

1. 企业简介

苏州晶鼎鑫光电科技有限公司（简称“晶鼎鑫光电”）拥有二十年的光学镀膜和封装经验，专注于光电子封装元器件的研发和生产，专业提供薄膜和封装设计解决方案；专注于薄膜金属化陶瓷基板产品的研发和生产，专业提供各种陶瓷薄膜器件。

2. 主要产品

晶鼎鑫光电主要产品有可见光、近外红外光学窗口（蓝宝石、石英、k9等），提供光学镀膜、薄膜金属化研发、生产和销售；陶瓷薄膜金属化，提供各种热沉、薄膜金锡焊料、薄膜电阻、陶瓷薄膜电路等；球透镜光窗；特种光学镀膜-集成滤光片。晶鼎鑫光电陶瓷薄膜基板如图1。

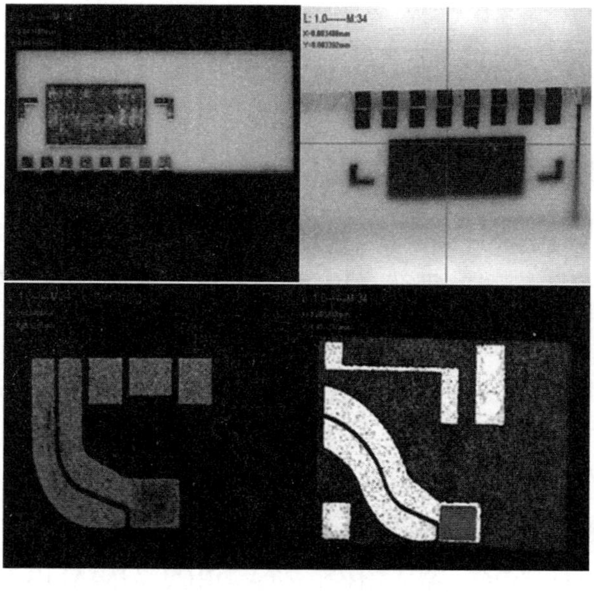

图1　晶鼎鑫光电陶瓷薄膜基板

资料来源：晶鼎鑫光电，联盟整理

3. 企业规模

晶鼎鑫光电具备光刻设备 1 套、镀膜设备 3 套、刻蚀设备 1 套、切割设备 2 台、清洗设备 1 套、研磨抛光设备 6 台，陶瓷薄膜基板产能达 300 万片/年，约 2000 万平方毫米，陶瓷薄膜基板年销售额 600 万元。

4. 主要优势

晶鼎鑫光电满足 IGBT 陶瓷基板表面具有耐磨损、耐高温、耐腐蚀、抗氧化、防辐射、导电、导磁、绝缘的优点，达到提高产品质量、延长产品寿命的要求。在陶瓷基板材质上可以完成薄膜金属化，在高温高湿时具有很强的附着力；可跨行业使用生产工艺；提升导电、导磁、抗氧化性能，简化生产流程；自主改造国产薄膜蒸发设备；以大规模生产要求控制成本；以封装技术优势，增强表面耐磨损和绝缘性能，从而延长产品寿命。

三、宁波康强电子股份有限公司

1. 企业简介

宁波康强电子股份有限公司（简称“康强电子”）成立于 1992 年 6 月，是一家专业从事各类半导体封装材料的开发、生产、销售的高新技术企业，拥有 3 家全资子公司和 2 家控股公司。主要生产各类半导体塑封引线框架、键合丝、电极丝和生产框架所需的专用设备等产品。康强电子于 2007 年 3 月 2 日在深交所上市，股票代码为 002119。

2. 主要产品

康强电子的主要产品有引线框架、键合丝、电极丝、模具及备件等。2017 年，康强电子引线框架产品总销售量为 1 134.45 亿只，营业收入占其总营业收入的 54.49%；键合丝销售总量为 1 685.72kg，营业收入占其总营业收入的 25.49%。2016—2017 年康强电子主要产品产销情况见表 17。

表 17　2016—2017 年康强电子主要产品产销情况

行业分类	项　目	单　位	2017 年	2016 年	同比（%）
引线框架	销售量	亿只	1 134.45	806.40	40.68
	生产量	亿只	1 161.16	810.60	43.25
	库存量	亿只	123.46	96.75	27.61
键合丝	销售量	千克	1 685.72	1 444.58	16.69
	生产量	千克	1 716.72	1 449.24	18.46
	库存量	千克	79.85	48.85	63.46

数据来源：公司年报，联盟整理

3.　企业规模

2017 年，康强电子实现营业收入 130 361.81 万元，较上年度增长 8.93%；实现净利润 6 400.27 万元，较上年度增长 46.74%。康强电子 2016—2017 年财务数据见表 18。

表 18　康强电子 2016—2017 年财务数据

财务指标	2017 年	2016 年	同比（%）
营业收入（万元）	130 361.81	119 675.45	8.93
净利润（万元）	6 400.27	4 361.79	46.74

数据来源：公司年报，联盟整理

4.　主要优势

在引线框架方面，康强电子全资子公司北京康迪普瑞模具技术有限公司拥有业内先进的集成电路引线框架的多工位级进模具、电机高速冲压模具、军工产品专用级进模具的设计与研发能力。在蚀刻法引线框架生产线方面，填补国内空白，康强电子突破并掌握了蚀刻法生产工艺的技术难点和要点，成为能够使用蚀刻法批量生产和销售引线框架的少数厂家之一，技术上得以快速升级。

在键合丝方面，康强电子在引进国外生产设备的基础上不断创新，掌握了合金元素配方、热处理、复绕等多项核心技术。康强电子已具备生产超细、超低弧度的键合金丝的能力，产品各项技术指标已经达到国际同档次产品的水平。

四、深圳市兴森快捷电路科技股份有限公司

1. 企业简介

深圳市兴森快捷电路科技股份有限公司（简称“兴森科技”）成立于 1999 年，是深交所上市企业，股票代码为 002436。兴森科技总部设在中国深圳，在广州、江苏宜兴及英国建立了生产运营基地；并已在北京、上海、武汉、成都、西安设立了分公司，在中国香港、美国成立了子公司，目前海内外已建立数十个客户服务中心，形成了全球化的营销和技术服务网络，为全球四千多家客户提供优质服务。

在 PCB 制造业务方面，兴森科技始终保持强大的多品种交付（2016 年品种数超过 26 万种）与快速交付（样板快件平均交付期低于 7 天）能力，结合高水平柔性化管理、多样性综合技术能力、规模化成本以及兴森科技持续建设的多领域核心技术等领先优势，进一步巩固和提升了兴森科技在 PCB 行业样板及小批量领域的龙头企业地位。

2013 年，兴森科技正式进军集成电路产业链，这将作为未来兴森科技战略发展的重要领域。兴森科技的“高密度封装倒装芯片基板产品与产业化项目”作为国家科技重大专项项目，获得国家 02 专项资金扶持，实现了跨越式发展。

2. 主要产品

兴森科技将立足IC载板业务，积极打造规模化的多品种快速交付及先进的技术等优势，致力于成为该领域内的本土领军企业，并打造从载板设计、制造到封测一体化方案解决能力，为IC产业链提供各类优质高效的配套服务。

3. 企业规模

2017年，兴森科技营业收入为328 296.48万元，同比增长11.67%；实现净利润16 474.87万元，同比下降14.46%。IC封装载板业务产能达到6 000平方米/月，全年销售收入突破1亿元。兴森科技2016—2017年财务数据见表19。

表19　兴森科技2016—2017年财务数据

财务指标	2017年	2016年	同比（%）
营业收入（万元）	328 296.48	293 980.52	11.67
净利润（万元）	16 474.87	19 260.68	−14.46

数据来源：公司年报，联盟整理

4. 主要优势

兴森科技先后组建了“广东省省级企业技术中心”“广东省封装基板工程技术研究中心”和“广东省高密度集成电路封装及测试基板企业重点实验室”。先后与全球超过4 000家高科技研发、制造和服务企业进行合作，客户群体多为下游行业领先企业或龙头企业。

五、宏昌电子材料股份有限公司

1. 企业简介

宏昌电子材料股份有限公司（简称“宏昌电子”），前身为广州宏昌电子材料工业有限公司，2007年10月31日由外商独资企业变更为中外合资企业，2008 年 3 月 5 日改制为股份有限公司，并更名为宏昌电子材料股份有限公司。宏昌电子于 2012 年 5 月 18 日，在上海证券交易所挂牌上市，股票代码为 603002。

宏昌电子主要产品为电子级环氧树脂，为中国最早有能力生产高端电子级环氧树脂的专业生产厂商之一。宏昌电子的高端电子级环氧树脂可完全替代进口电子级环氧树脂，填补了中国在高端电子级环氧树脂的空白，为国内使用电子级环氧树脂的企业提供优质、稳定的产品以及全面的技术服务。

2. 主要产品

宏昌电子以高性能、环保型的电子级环氧树脂为主要产品，产品主要分为液态型、固态型、溶剂型及阻燃型环氧树脂，由于环氧树脂具有优良的绝缘性、防腐性、耐化性、耐热性和黏着性，被广泛用于电子电气的封装和绝缘、涂料、复合材料等领域。2017 年，宏昌电子环氧树脂生产量为 75 335.60 吨，销售量为 78 021.03 吨。2017 年宏昌电子主要产品产销情况见表 20。

表 20 2017 年宏昌电子主要产品产销情况

主要产品	生产量（吨）	销售量（吨）	库存量（吨）	生产量同比（%）	销售量同比（%）	库存量同比（%）
环氧树脂	75 335.60	78 021.03	1 872.01	8.89	11.20	64.60

数据来源：公司年报，联盟整理

3. 企业规模

2017 年，宏昌电子营业收入 123 709.47 万元，同比增长 35.96%；实现净利润 7 844.94 万元，同比增长 194.05%。宏昌电子 2016—2017 年财务数据见表 21。

表 21　宏昌电子 2016—2017 年财务数据

财务指标	2017 年	2016 年	同比（%）
营业收入（万元）	123 709.47	90 988.98	35.96
净利润（万元）	7 844.94	2 667.92	194.05

数据来源：公司年报，联盟整理

4. 主要优势

宏昌电子拥有高阶覆铜板用无卤阻燃型环氧树脂等毛利相对较高的产品，通过了美国 FDA、欧盟 RoHS、德国劳氏等权威认证，拥有华南唯一的电子级环氧树脂重点工程研发中心，研发优势比较突出。宏昌电子作为最早进入环氧树脂行业的企业之一，已积累了 2000 多家客户和近 4000 家潜在客户资源，索尼、戴尔、惠普、三星、联想、诺基亚等知名企业都已成为宏昌电子的客户。

第五章　IGBT 中游设备生产企业

第一节　单晶硅加工设备生产企业
第二节　晶圆制造设备生产企业
第三节　封装测试设备生产企业

第一节　单晶硅加工设备生产企业

浙江晶盛机电股份有限公司

1. 企业简介

浙江晶盛机电股份有限公司（简称“晶盛机电”）创建于 2006 年 12 月，是一家以“新材料、新装备”为战略发展目标，始终坚持“发展绿色智能高科技制造产业”为使命的高新技术企业。2012 年，晶盛机电在创业板上市，股票代码 300316，下属 7 家子公司，3 个研发中心，其中包括 1 个海外研发中心，拥有“工业 4.0”方向的省级重点研究院、省级晶体装备研究院等研究平台。

2. 主要产品

晶盛机电主营产品为全自动单晶生长炉、多晶硅铸锭炉、蓝宝石晶体炉、区熔硅单晶炉、单晶硅棒切磨复合加工一体机、多晶硅块研磨一体机、硅棒单线截断机、硅块单线截断机、蓝宝石晶锭、蓝宝石晶片、LED 器件检测分选装备、LED 灯具自动化生产线等。晶盛机电产品主要应用于太阳能光伏、集成电路、LED 等具有较好市场前景的新兴产业。晶盛机电全自动晶体生长炉如图 1 所示。

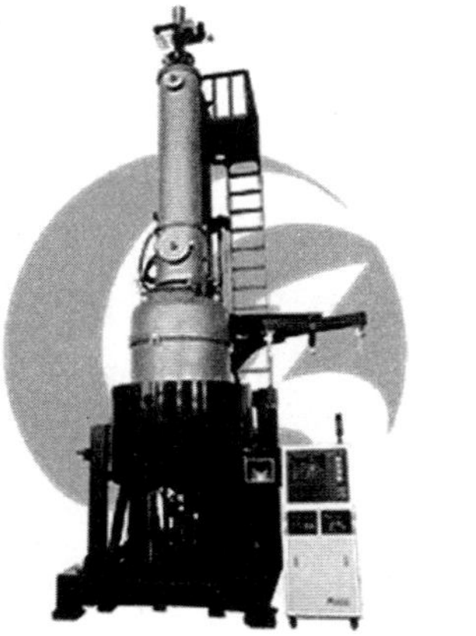

图 1　晶盛机电全自动晶体生长炉

资料来源：晶盛机电官网

3. 企业规模

2017 年，晶盛机电实现营业收入 194 884.82 万元，同比增长 78.55%；实现净利润 38 664.25 万元，同比增长 89.76%。晶盛机电 2016—2017 年财务数据见表 1。

表 1 晶盛机电 2016—2017 年财务数据

财务指标	2017 年	2016 年	同比（%）
营业收入（万元）	194 884.82	109 146.83	78.55
净利润（万元）	38 664.25	20 374.86	89.76

数据来源：公司年报，联盟整理

随着光伏市场下游厂商及其产品的增长，单晶技术路线获得认可及市场份额持续提升，晶盛机电晶体生长设备特别是单晶硅生长炉销售形势良好。2017 年，晶体硅生长设备营业收入 157 242.50 万元，占总营业收入的 80.68%；全自动单晶硅生长炉销售量为 1 046 台，同比增长 162.81%。晶盛机电 2016—2017 年设备生产及销售情况见表 2。

表 2 晶盛机电 2016—2017 年设备生产及销售情况

分 类	项 目	2017 年（台）	2016 年（台）	同比（%）
全自动单晶硅生长炉	销售量	1 046	398	162.81
	生产量	1 750	396	341.92
多晶硅铸锭炉	销售量	80	108	−25.93
	生产量	100	107	−6.54

数据来源：公司年报，联盟整理

4. 主要优势

晶盛机电在高效N型单晶、高效多晶铸锭方面的研究不断取得技术突破，实现了硅晶体生长“全自动、高性能、高效率、低能耗”的技术优势。单晶炉系列产品和多晶炉产品均被评为国家重点新产品。晶盛机电已获国家专利222项，其中发明专利41项；完成国家软件著作权登记58项；晶盛机电承担的两项国家科技重大02专项课题，现已进入工业化生产、销售阶段。

第二节　晶圆制造设备生产企业

一、北方华创科技集团股份有限公司

1. 企业简介

北方华创科技集团股份有限公司（简称“北方华创”）是由北京七星华创电子股份有限公司和北京北方微电子基地设备工艺研究中心有限责任公司战略重组而成的，股票代码002371。主要产品为高端电子工艺装备和精密电子元器件，是一家集研发、生产、销售及技术服务于一体的高科技企业集团。拥有半导体装备、真空装备、新能源锂电装备及精密元器件四个事业群，为半导体、新能源、新材料等领域提供全方位整体解决方案。北方华创现有四个制造基地，营销服务体系覆盖欧、美、亚等全球主要国家和地区。

2. 主要产品

北方华创半导体装备具体包括Etch、PVD、LPCVD、APCVD、PECVD、氧化炉、扩散炉、清洗机、热处理装备、液晶面板制造装备、气体质量流量控制器等半导体关键制造装备及核心零部件等多种系列产品，设备广泛应用

于集成电路制造、先进封装、半导体照明、微机电系统、功率半导体、化合物半导体、新能源光伏、平板显示等泛半导体各细分领域。北方华创 12 英寸硅刻蚀机如图 2 所示。

图 2　北方华创 12 英寸硅刻蚀机

资料来源：北方华创官网

3. 企业规模

2017 年，北方华创实现营业总收入 222 281.85 万元，同比增长 37.01%；实现净利润 12 561.02 万元，同比增长 35.21%。北方华创 2016—2017 年财务数据见表 3。

表 3　北方华创 2016—2017 年财务数据

财务指标	2017 年	2016 年	同比（%）
营业收入（万元）	222 281.85	162 238.74	37.01
净利润（万元）	12 561.02	9 290.16	35.21

数据来源：公司年报，联盟整理

2017 年，北方华创电子工艺装备销售量为 143 510.62 万元，同比增长 43.96%；生产量为 192 177.03 万元，同比增长 79.21%。电子元器件销售量为 76 289.59 万元，同比增长 25.49%；生产量为 72 586.70 万元，同比增长 4.20%。北方华创产销量情况见表 4。

表 4　北方华创产销量情况

分　类	项　目	单　位	2017 年	2016 年	同比（%）
电子工艺装备	销售量	万元	143 510.62	99 687.27	43.96
	生产量	万元	192 177.03	107 236.26	79.21
	库存量	万元	85 029.87	36 363.45	133.83
电子元器件	销售量	万元	76 289.59	60 793.35	25.49
	生产量	万元	72 586.70	69 663.98	4.20
	库存量	万元	8 406.10	12 108.98	−30.58

数据来源：公司年报，联盟整理

4. 主要优势

北方华创具有 60 多年的产品研制历史，是目前国内集成电路高端工艺装备的龙头企业。北方华创开发的用于 12 英寸晶圆制造的刻蚀机、PVD、立式氧化炉、清洗机、LPCVD 等设备和气体质量流量控制器等产品已成功实现产业化，12 英寸清洗机累计流片量已突破 60 万片大关，深硅刻蚀设备成功进入东南亚市场。在先进封装领域，北方华创刻蚀机和 PVD 设备已在全球主要企业中得到广泛应用，在芯片国产化战略中发挥了核心骨干作用。

二、沈阳芯源微电子设备有限公司

1. 企业简介

沈阳芯源微电子设备有限公司（简称“沈阳芯源”）成立于 2002 年，是由中科院沈阳自动化研究所创建的国家高新技术企业，专业从事半导体生产设备的研发、生产、销售与服务，致力于为客户提供半导体装备与工艺整体解决方案。

2008 年，沈阳芯源和几家中科院参股企业联合承担了国家重大科技专项项目，“凸点封装涂胶显影、单片湿法刻蚀设备的开发与产业化”。2012 年 3 月，沈阳芯源承担了的国家重大科技专项“300mm 晶圆匀胶显影设备研发”项目获得立项批复。

2. 主要产品

沈阳芯源自主开发了涂胶机、显影机、喷胶机、去胶机、湿法刻蚀机、单片清洗机、擦片机等产品，已形成完整的技术体系和丰富的产品系列，可根据用户的工艺要求量身定制。产品适应不同工艺等级的客户要求，广泛应用于半导体生产、先进封装、MEMS、LED、OLED、3D-IC TSV、PV 等领域，可满足 300mm 前道制程及 300mm 先进封装厚胶工艺制程。沈阳芯源的涂胶显影机如图 3 所示。

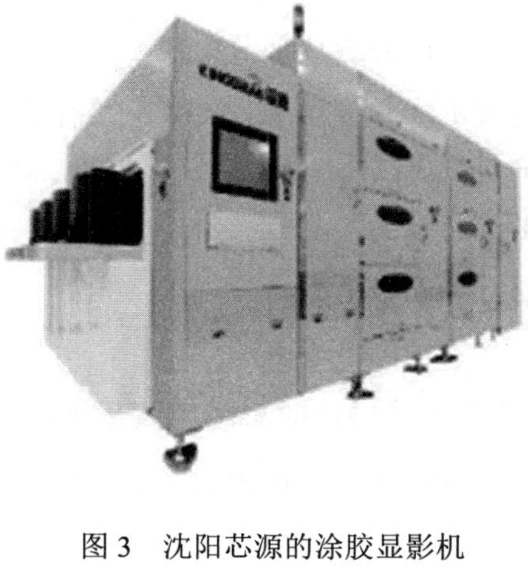

图 3 沈阳芯源的涂胶显影机

资料来源：沈阳芯源官网

3. 企业规模

2016 年 1—11 月，沈阳芯源实现产值 1.39 亿元，收入 1.22 亿元。高端封装领域用喷涂胶显影设备已在台湾市场实现批量销售，LED 匀胶显影设备领域占领国内市场份额超过 60%。[①]

4. 主要优势

沈阳芯源已拥有专利 296 项，其中发明专利 240 项，产品在匀胶显影技术领域居国内第一。自主研制的主导产品匀胶显影设备广泛应用于发光二极管（LED）、高端封装等领域，在国内占有率均超过了 40%，成为国内第一大供应商。

三、上海凯世通半导体股份有限公司

1. 企业简介

上海凯世通半导体股份有限公司（简称“凯世通”）以陈炯博士——中组部“千人计划”特聘专家为首，聚集五位世界一流离子注入装备专家于 2009 年创立。核心团队具有美国硅谷成功创业经验，实现了华人技术团队主导开发的第一台先进离子注入机，并成功进入集成电路行业最先进工艺生产线。2015 年，凯世通完成了股份制改造，2016 年 11 月在“新三板”上市，股票代码 870315。

2. 主要产品

凯世通主导/参与多款全球畅销的集成电路离子注入机设计，代表机型 E220/E500、GSD、iStar、iPuslar，累计出货量超千台。凯世通的离子注入机如图 4 所示。

① 相关数据来源于沈阳浑南政府网。

图 4 凯世通的离子注入机

资料来源：凯世通官网

3. 企业规模

2016 年，公司实现营业总收入 2 013.77 万元，比上年同期下降 38.56%；实现净利润 658.16 万元，比上年同期上升 61.69%。根据客户需求向国外关联方采购的扩散炉及配件等离子注入机配套设备数量减少，导致营业收入和营业成本大幅下降，同时由于转入当期损益的政府补助增加，带动净利润较 2015 年大幅增长。凯世通 2015—2016 年财务数据见表 5。

表 5 凯世通 2015—2016 年财务数据

财务指标	2016 年	2015 年	同比（%）
营业收入（万元）	2 013.77	3 277.64	−38.56
净利润（万元）	658.16	407.04	61.69

数据来源：公司年报，联盟整理

4. 主要优势

凯世通根据太阳能电池工艺的实际情况和需求，为光伏企业量身定制了大束流离子注入机。在硅片的传输和离子束流系统上，凯世通光伏离子注入机应用了多项拥有自主知识产权的突破性重大技术。例如，单一注入元素的“帘状”宽幅离子束可无间断地“淋浴”到匀速传输的单晶硅片上，实现稳定、均匀的元素掺杂，并保证了高效的生产率和较低的制造成本，为太阳能电池的生产线升级和高效电池的生产提供了一条有效途径。研究了适应于 AMOLED 离子注入工艺要求的新型平板显示离子注入机功能要求和工艺特点，提炼出了长寿命离子源与双离子源适配技术、高品质离子束光学技术、平行束准直校正技术、高产能大尺寸面板传输与靶室控制技术、软件与人机工程技术五大关键技术，设备可以离子源与引出系统、离子分析系统、离子束扩束系统、平行束准直校正系统、面板传输与靶室系统、控制系统六大主要系统。

四、上海微电子装备（集团）股份有限公司

1. 企业简介

上海微电子装备（集团）股份有限公司（简称“上海微电子”），致力于半导体装备、泛半导体装备、高端智能装备的开发、设计、制造、销售及技术服务，设备广泛应用于集成电路前道、先进封装、FPD 面板、MEMS、LED、Power Devices 等制造领域。上海微电子具有国家唯一的光刻设备工程技术研究中心，建成了近万平米的净化车间，并完成了二十多个光刻机关键技术研发平台的建设。

2. 主要产品

上海微电子主要产品为激光类设备和光刻类设备等。上海微电子从 2012 年开始与华虹进行 IGBT 激光退火设备不开发合作，成为国内首家退火设备企业，成功量产 FS-IGBT 产品，后又与华虹合作开发背面光刻工艺，提供整体背面工艺解决方案。上海微电子的背面退火设备如图 5 所示，其光刻机如图 6 所示。

图 5 上海微电子的背面退火设备

资料来源：上海微电子官网

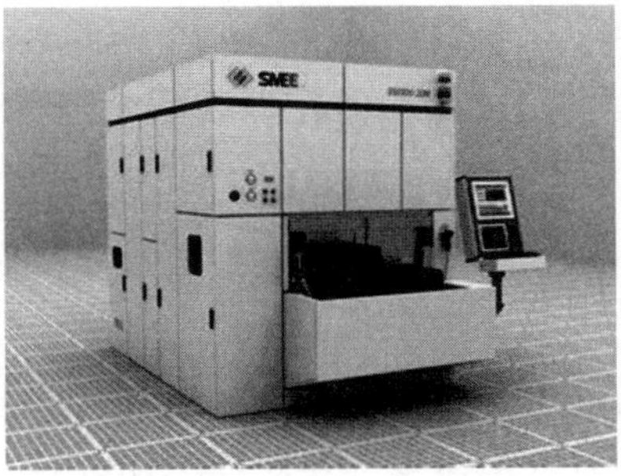

图 6 上海微电子的光刻机

资料来源：上海微电子官网

3. 企业规模

上海微电子营业收入超过 3 亿元。上海微电子激光退火设备国内市场占有率超过 60%；背面光刻产品平台在先进封装厂通过量产验证，国内市场占有率超过 80%，全球市场占有率接近 40%。

4. 主要优势

在光刻机领域，上海微电子取得了重要突破，并在先进封装光刻机产品方面形成了系列化和量产化，已量产的光刻机中性能最好的是能用来加工 90nm 芯片的光刻机。不仅如此，上海微电子还实现了光刻机海外市场的销售突破，并与光刻机国际领先企业 ASML 签署战略合作备忘录（MoU），为双方进一步的潜在合作奠定了基础。

五、上海新阳半导体材料股份有限公司

1. 企业简介

上海新阳半导体材料股份有限公司（简称“上海新阳”）创立于 1999 年 7 月，是以技术为主导、立足于自主创新的高新技术企业，专业从事半导体行业所需电子化学品及配套设备的研发设计、生产制造和销售服务，致力

于为用户提供化学材料、配套设备、应用工艺和现场服务一体化的整体解决方案。2011 年 6 月在深圳证券交易所创业板上市，股票代码为 300236。

2. 主要产品

上海新阳始终坚持自主创新，拥有自主知识产权的电子电镀和电子清洗核心技术，先后开发研制出四大系列、100 多种电子化学品与 30 多种配套设备产品，形成了完整的技术体系和丰富的产品系列。上海新阳 SYM-HEP 系列高效节能自动电镀线如图 7 所示。

图 7　上海新阳 SYM-HEP 系列高效节能自动电镀线

资料来源：上海新阳官网

3. 企业规模

2017 年，上海新阳营业收入为 47 224.40 万元，同比增长 14.11%；实现净利润 7 240.95 万元，同比增长 33.11%。上海新阳 2016—2017 年财务数据见表 6。

表 6　上海新阳 2016—2017 年财务数据

财务指标	2017 年	2016 年	同比（%）
营业收入（万元）	47 224.40	41 383.53	14.11
净利润（万元）	7 240.95	5 439.94	33.11

数据来源：公司年报，联盟整理

4. 主要优势

上海新阳经过多年研发的包括 3DIC-TSV 在内的芯片铜互连电镀液和添加剂的相关技术，应用领域在不断扩展，其中，3D-TSV 材料及应用技术除在晶圆制程可以广泛应用外，还可应用到晶圆级先进封装（WLP）、凸块工艺（Bumping）、微机电系统（MEMS）等领域。

六、天津华海清科机电科技有限公司

1. 企业简介

天津华海清科机电科技有限公司（简称“华海清科”）成立于 2013 年，是天津市政府与清华大学践行“京津冀一体化”国家战略，为推动我国化学机械抛光（CMP）技术和设备产业化成立的高科技企业。

2. 主要产品

华海清科主要从事 CMP 设备和工艺及配套耗材的研发、生产、销售与服务，核心团队成员来自清华大学及业内专业人才，拥有 CMP 技术专利 100 余项，产品可广泛应用于极大规模集成电路制造、三维封装、微机电系统制造、晶圆平坦化、基片制造等领域。

3. 企业规模

截至 2018 年 1 月 24 日，华海清科 CMP 设备在客户端大生产线上生产晶圆突破 10 万片[①]。

4. 主要优势

华海清科的 Universal-300 Plus 型 CMP 设备圆满完成了出机前的测试工

① 相关数据来自华海清科官网。

作，进入中芯国际，正式投入工艺生产，这是首台国产 CMP 工艺制程设备进入集成电路大生产线，具有重大的里程碑意义。

第三节 封装测试设备生产企业

一、江苏长电科技股份有限公司

1. 企业简介

江苏长电科技股份有限公司（简称“长电科技”）成立于 1972 年，2003 年在上交所成功上市，股票代码为 600584。历经四十余年发展，长电科技已成为全球知名的集成电路封装测试企业。长电科技面向全球提供封装设计、产品开发及认证，以及从芯片中测、封装到成品测试及出货的全套专业生产服务。

2. 主要产品

长电科技主营业务为集成电路、分立器件的封装与测试以及分立器件的芯片设计、制造。提供涵盖封装设计、焊锡凸块、针探、组装、测试、配送等一整套半导体封装测试解决方案。目前长电科技产品主要有 QFN/DFN、BGA/LGA、FCBGA/LGA、FCOL、SiP、WLCSP、Bumping、MEMS、Fan-out（eWLB）、POP、PiP 及传统封装 SOP、SOT、DIP、TO 等多个系列。产品主要应用于计算机、网络通信、消费电子及智能移动终端、工业自动化控制、电源管理、汽车电子等电子整机和智能化领域。

3. 企业规模

2017 年，长电科技营业收入为 2 385 551.24 万元，同比增长 24.54%，净利润为 34 334.68 万元，同比增长 222.89%。长电科技 2016—2017 年财务数据见表 7。

表 7 长电科技 2016—2017 年财务数据

财务指标	2017 年	2016 年	同比（%）
营业收入（万元）	2 385 551.24	1 915 452.77	24.54
净利润（万元）	34 334.68	10 633.44	222.89

数据来源：公司年报，联盟整理

2017 年，长电科技芯片封测产品营业收入为 2 076 048.68 万元，占总营业收入的 98.94%。

4. 主要优势

Fan out（eWLB）和 SiP 是长电科技的两大亮点，长电科技收购星科金朋后，营收规模排名全球第三，并且技术实力进一步增强，服务于众多国际、国内全部高端客户，包括高通、博通、SanDisk、Marvell、海思、展讯、锐迪科等。

二、杭州长川科技股份有限公司

1. 企业简介

杭州长川科技股份有限公司（简称“长川科技”）成立于 2008 年 4 月，是一家专注于集成电路装备的研发、生产和销售的上市公司，股票代码为 300604。长川科技设有北京研发中心、常州子公司、上海服务窗口，设立测试机和自动分选机两条产品线开展研发工作。目前长川科技客户主要有华天科技、长电科技、南通富士通、ASE、士兰微、华润安盛、赛美科、深圳安博、上海芯哲等国内知名封测和IC设计企业。

2. 主要产品

长川科技主要为集成电路封装测试企业、晶圆制造企业、芯片设计企业提供测试机和分选机测试设备，。生产的测试机包括大功率测试机（CTT系列）、模拟/数模混合测试机（CTA 系列）等；分选机包括重力下滑式分选机（C1、C3、C3Q、C37、C5、C7、C8、C9、C9Q 系列）、平移式分选机（C6、C7R 系列）等。

3. 企业规模

2017年，长川科技营业收入为17 979.45万元，同比增长44.84%；实现净利润5 025.29万元，同比增长21.34%。长川科技2016—2017年财务数据见表8。

表8 长川科技2016—2017年财务数据

财务指标	2017年	2016年	同比（%）
营业收入（万元）	17 979.45	12 413.45	44.84
净利润（万元）	5 025.29	4 141.66	21.34

数据来源：公司年报，联盟整理

2017年，长川科技测试机实现营业收入7 765.84万元，占总营业收入的43.20%；分选机实现营业收入9 547.88万元，占总营业收入的53.10%。2016—2017年长川科技主营业务收入的主要构成见表9。

表 9 2016—2017 年长川科技主营业务收入的主要构成

产 品	2017 年		2016 年	
	金额（万元）	占比（%）	金额（万元）	占比（%）
测试机	7 765.84	43.20	5 627.01	45.33
分选机	9 547.88	53.10	6 326.64	50.97

数据来源：公司年报，联盟整理

2016 年，长川科技测试机产能为 200 台、产量为 239 台、销量为 200 台、产能利用率为 119.50%、产销率为 83.68%；分选机产能为 200 台、产量为 209 台、销量为 226 台、产能利用率为 104.50%、产销率为 108.13%。长川科技主要产品产销情况见表 10。

表 10 长川科技主要产品产销情况

产 品	指 标	2016 年	2015 年
测试机	产能（台）	200	200
	产量（台）	239	172
	销量（台）	200	161
	产能利用率（%）	119.50	86.00
	产销率（%）	83.68	93.60
分选机	产能（台）	200	200
	产量（台）	209	181
	销量（台）	226	161
	产能利用率（%）	104.50	90.50
	产销率（%）	108.13	88.95

数据来源：公司招股说明书，联盟整理

4. 主要优势

长川科技是国内稀缺的可以自主研发、生产集成电路测试设备的企业，拥有高精度电压电流源控制测量技术、大电流电源高能脉冲控制与测试技术、高压电源升压控制和测试技术、ps 级[①]时间精密测试技术、分立器件多工位并测技术、重力式测编一体技术、高速多工位并行测试技术、大功率程控式测压力控制技术、高自由度全浮动测压技术、高速高精度平移式取放料技术等相关核心技术。

① ps 级，皮秒级，天文学单位，精准计时单位。1 皮秒等于一万亿分之一（10^{-12}）秒。

第六章　IGBT 重点生产企业

- 第一节　IDM企业
- 第二节　模块企业
- 第三节　设计企业
- 第四节　制造企业

第一节 IDM 企业

我国 IGBT IDM 企业主要有株洲中车时代电气股份有限公司、深圳比亚迪微电子有限公司、杭州士兰微电子股份有限公司、吉林华微电子股份有限公司、天津中环半导体股份有限公司、华润微电子（重庆）有限公司等，它们是国内 IGBT 产品生产、研发方面居领先地位，也是工业强基战略实施方面的主力军。中国 IGBT IDM 主要公司及其产品见表 1。

表 1　中国 IGBT IDM 主要公司及主要产品

公　司	地　点	主要产品及服务
株洲中车时代电气股份有限公司	株洲	1200～6500V 高压模块，国内自主掌握了高铁动力 IGBT 芯片及模块技术的企业
深圳比亚迪微电子有限公司	深圳	工业级 IGBT 模块、汽车级 IGBT 模块、600V IGBT 单管、IGBT 驱动芯片
杭州士兰微电子股份有限公司	杭州	300～600V 穿通型 IGBT 工艺，1200V 非穿通型槽栅 IGBT 工艺，面向电焊机、变频器、光伏逆变器、UPS 电源、家电、消费电子产品
吉林华微电子股份有限公司	吉林	3、4、5、6 英寸等多条功率半导体分立器件及 IC 芯片生产线，应用于逆变器、电磁炉、UPS 电源
天津中环半导体股份有限公司	天津	用于消费电子 IGBT 已经量产，高电压 IGBT 还在研发，节能型功率器件可用于充电桩
华润微电子（重庆）有限公司	重庆	1200V/20～50A　IGBT 功率器件

资料来源：公开信息，联盟整理

一、株洲中车时代电气股份有限公司

1. 企业简介

株洲中车时代电气股份有限公司（简称“中车时代电气”）是中国中车旗下的股份制企业，其前身及母公司——中车株洲电力机车研究所有限公司创立于 1959 年。2006 年，在香港联交所上市，股票代码为 03898.HK。中车时代电气布局了铁路、城轨、轨道工程机械、通信信号、大功率半导体、海工装备、关键部件、乘用汽车等多元化产业。

半导体事业部是中车时代电气下属的核心业务单位，专业从事大功率半导体器件的研发与制造，是我国最早开发大功率半导体器件的单位之一。现已成为我国全面掌握了晶闸管、IGCT、IGBT 及功率组件全套技术，能为用户提供全面系统的半导体解决方案的领先企业。产品技术水平、产业化规模、市场影响力均处于国内领先地位，且有较强的国际影响力。

中车时代电气发展历程：1989 年，建成 3 英寸器件生产线；2005 年，5 英寸器件生产线建成；2007 年，5 英寸器件进入高压直流输电（HVDC）市场；2008 年，成功并购全球知名的半导体器件独立供应商——加拿大丹尼克斯电力电子股份有限公司；2009 年，6 英寸器件生产线、国内首条高压 IGBT 模块封装线建成投产；2010 年，自主 IGBT 产品进入地铁和机车牵引传动市场，并在英国设立功率半导体海外研发中心，成为中国轨道交通装备制造企业首个海外研发中心；2013 年，自主研制了第一款国内最大电压等级、最高功率密度的 6500V 高压 IGBT 芯片，填补国内行业空白，实现了中国在高端 IGBT 技术领域与国际先进水平接轨；2014 年，8 英寸 IGBT 产业化基地建成投产，实现部分专用 IGBT 芯片国产化；2015 年，自主 1500A/3300V IGBT 在厦门柔性直流输电科技示范工程成功挂网应用；2016 年，自主 1700V IGBT 中标印度机车市场，中国“自主芯”首次出口海外。

2. 主要产品

中车时代电气主要从事轨道交通装备电传动系统、网络控制、变流器、列车控制、信号、轨道工程机械电气控制系统及整机、大功率半导体器件、通用变频器、传感器、复合母排等产品的研发、制造、销售和服务，业务遍及全球 20 多个国家和地区。

3. 企业规模

2017 年，中车时代电气营业收入为 1 514 370.9 万元，较 2016 年增长 3.31%；2017 年的净利润为 281 636.1 万元，同比下降 3.49%。中车时代电气 2016—2017 年财务数据见表 2。

表 2　中车时代电气 2016—2017 年财务数据

财务指标	2017 年	2016 年	同比（%）
营业收入（万元）	1 514 370.9	1 465 782.0	3.31
净利润（万元）	281 636.1	291 818.2	-3.49

数据来源：公司年报，联盟整理

4. 主要优势

作为中国电气化铁路事业的开拓者，中车时代电气长期致力于被誉为列车“心脏”和“大脑”的牵引传动和控制系统研发及产业化，是国内唯一自主掌握核心技术并大批量应用的企业，也是全面参与国际竞争、支撑中国高铁“走出去”战略的高端装备企业。中车时代电气轨道交通电气系统国内市场占有率逾 60%，是综合实力最强、产品谱系最完整的核心系统供应商。

基于先进的技术和完整的产业化平台，中车时代电气是世界第一家推出商用 HVDC 6 英寸晶闸管，全球第三家自主拥有 IGCT 器件，国内首个研发出高压 IGBT/FRD 芯片与模块的企业，拥有功率半导体芯片—模块—装置—系统完整产业链。

当前，中车时代电气是新型功率半导体器件国家重点实验室、国家能源大功率电力电子器件研发中心的依托单位，中国 IGBT 技术创新与产业联盟理事长单位。中车时代电气积极承担或参与国家重大专项（02 专项）、国家 863 计划等国家各类重大科研项目。中车时代电气致力于开放、合作，与中科院微电子所合作共建新型电力电子器件联合研发中心，与国家电网、南方电网、北京汽车、中科院下属院所、电子科大（成都）、西安电子科大、浙江大学、国防科大等单位建立良好的合作伙伴关系。在海外，中车时代电气是欧洲电力电子学会副主席单位，与 GE 交通、GE-阿尔斯通、施耐德、美国电力电子系统研究中心（CPES）、剑桥大学、牛津大学、诺丁汉大学、华威大学等开展了多层次合作。

二、深圳比亚迪微电子有限公司

1. 企业简介

深圳比亚迪微电子有限公司（简称“比亚迪微电子”）是比亚迪集团旗下的独立子公司，自 2003 年开始致力于集成电路及功率器件的开发，并提供产品应用的整套解决方案。比亚迪微电子立足于自主研发，利用中国巨大的电子元器件需求、丰富的技术人才资源，以及全球专业合作伙伴强有力的支持，成功开发出多款具有世界先进水平的产品，并获得多项国家和国际专利。其多款 IC 及功率器件产品已获得包括诺基亚、三星在内的多家国际知名公司的认证和批量使用。

2. 主要产品

比亚迪微电子专注于半导体产品的研发和生产，主要产品为 IGBT 芯片及模块、智能功率模块（IPM）、AC-DC 芯片、电池保护及管理芯片、功率场效应管（MOSFET）、CMOS 图像传感器、触摸控制芯片、触摸板、ESD

保护二极管、智能动力电池管理、电流传感器等。

3. 企业规模

比亚迪微电子现有员工 2300 余人，在深圳、宁波拥有两大生产基地，IGBT 模块年生产能力为 200 万个。

4. 主要优势

在慕尼黑（上海）电子展上，比亚迪微电子携国内首创 1200V 智能功率模块（IPM）和 IGBT 模块亮相。这个 1200V IPM 完全搭载自主生产的 IGBT 芯片和驱动芯片，采用陶瓷覆铜板（DBC），内置具有电流传感功能的双发射极 IGBT；分立的三相直流负端，可独立检测双电流。温度模拟输出，内置 HVIC、LVIC，具备可靠的过流、低压侧供电欠压保护，可适用于商用空调、新能源车用电动压缩机、伺服控制等工业和汽车领域。

三、杭州士兰微电子股份有限公司

1. 企业简介

杭州士兰微电子股份有限公司（简称“士兰微”）创立于 1997 年 9 月，2003 年 3 月在上海证券交易所上市，股票代码 600460。士兰微从集成电路芯片设计业务开始，逐步搭建了芯片制造平台，并已将技术和制造平台延伸至功率器件、功率模块和 MEMS 传感器的封装领域，建立了较为成熟的 IDM（设计与制造一体）经营模式。

2. 主要产品

士兰微主要经营活动为电子元器件的研发、生产和销售，产品主要有集成电路、器件、发光二极管。士兰微 IGBT 产品规格明细及应用见表 3。士兰微 IGBT 模块规格明细及应用见表 4。

表 3 士兰微 IGBT 产品规格明细及应用

IGBT 名称	电压（V）	电流（A）	饱和压降（V）	封　装	应　用
SGT10N60QD1F	600	20	2.4	TO-220F-3L	电机逆变器
SGT10N60QD1T	600	20	2.4	TO-220-3L	
SGT15N60NPFDF	600	20	2.5	TO-220F-3L	
SGT20N60NPFDF	600	20	2.5	TO-220F-3L	
SGT20N60FD1PN	600	20	2.7	TO-3P	
SGT40N60NPFDPN	600	20	2.7	TO-3P	电焊机、变频器、光伏逆变器
SGT40N60FD1P7	600	20	2.7	TO-247-3L	

资料来源：公司官网，联盟整理

表 4 士兰微 IGBT 模块规格明细及应用

IGBT 模块型号	电压（V）	电流（A）	饱和压降（V）	封　装	应　用
SGM10PA12A5V2	1200	10	2.2	A5	逆变器、空调、电机驱动
SGM15PA12A5V2	1200	15	2.5	A5	
SGM25PA12A6V2	1200	25	2.1	A6	
SGM40PA12A6V2	1200	40	2.1	A6	
SGM50HF12A1V1	1200	50	2	A1	
SGM50HF12A1V2	1200	50	1.9	A1	
SGM75HF12A1V1	1200	75	2.1	A1	
SGM75HF12A1V2	1200	75	2	A1	
SGM100HF12A1V1	1200	100	2.2	A1	
SGM100HF12A1V2	1200	100	2.2	A1	
SGM100HF12A3V1	1200	100	2	A3	
SGM100HF12A3V2	1200	100	2	A3	

（续表）

IGBT 模块型号	电压（V）	电流（A）	饱和压降（V）	封装	应用
SGM150HF12A3V2	1200	150	2.4	A3	
SGM200HF12A3V2	1200	200	2.5	A3	

资料来源：公司官网，联盟整理

3. 企业规模

2017年，士兰微营业收入为274 179.18万元，较2016年同期增长15.44%；实现净利润16 948.66万元，比2016年同期增加76.75%。2017年，国内多家主流的“白电整机”厂商在变频空调等白电整机上使用了超过200万颗士兰IPM模块。子公司士兰集成公司通过进一步挖潜，积极扩大产出，共产出5英寸、6英寸芯片230.99万片，比去年同期增加11.32%。士兰微电子2016—2017年财务数据见表5。

表5　士兰微电子2016—2017年财务数据

财务指标	2017 年	2016 年	同比（%）
营业收入（万元）	274 179.18	237 505.38	15.44
净利润（万元）	16 948.66	9 589.14	76.75

数据来源：公司年报，联盟整理

4. 主要优势

士兰微从集成电路芯片设计业务开始，逐步搭建了芯片制造平台，并已将技术和制造平台延伸至功率器件、功率模块和MEMS传感器的封装领域，建立了较为成熟的IDM（设计与制造一体）经营模式。IDM模式可有效地进行产业链内部的整合，士兰微设计研发和工艺制造平台同时发展，形成了特殊工艺技术与产品研发的紧密互动，以及器件、集成电路和模块产品的协同发展。

四、吉林华微电子股份有限公司

1. 企业简介

吉林华微电子股份有限公司（简称“华微电子”）是集功率半导体器件设计研发、芯片加工、封装测试及产品营销为一体的国家级高新技术企业。华微电子于 2001 年 3 月在上海证券交易所上市，股票代码 600360，为国内功率半导体器件领域首家上市公司，在 2017 年中国半导体行业协会评选的中国半导体十大功率器件企业中名列首位。华微电子经科技部、中科院等机构认证，被列为国家博士后科研工作站、国家创新型企业。

2. 主要产品

华微电子主要生产功率半导体器件及 IC，应用于汽车电子、电力电子、光伏逆变、工业控制与 LED 照明等领域。目前华微电子已形成 IGBT、VDMOS、FRED、SBD、BJT、IPM 等为营销主线的系列产品，成为功率半导体器件领域为客户提供解决方案的制造商、LED 照明解决方案提供商。华微电子 IGBT 产品规格明细见表 6。

表 6 华微电子 IGBT 产品规格明细

IGBT 名称	电压（V）	封装
JT015N120WCD	1200	TO-247
JT015N120ABCD	1200	TO-3PB
JT020N120WCD	1200	TO-247
JT050N036FA	360	TO-220MF
JT010N060SAD	600	TO-263
JT010N060CAD	600	TO-220C

资料来源：公司官网，联盟整理

3. 企业规模

2017 年，华微电子实现营业收入 163 489.03 万元，同比增长 17.12%；实现净利润 9 485.38 万元，同比增长 133.52%。华微电子 2016—2017 年财务数据见表 7。

表 7 华微电子 2016—2017 年财务数据

财务指标	2017 年	2016 年	同比（%）
营业收入（万元）	163 489.03	139 586.35	17.12
净利润（万元）	9 485.38	4 061.87	133.52

数据来源：公司年报，联盟整理

4. 主要优势

华微电子拥有 4～6 英寸等多条功率半导体分立器件及 IC 芯片生产线，芯片加工能力为每年 400 余万片，封装资源为 60 亿只/年。华微电子在终端设计、工艺制造和产品设计方面拥有多项专利，各系列产品采用 IGBT、MOS、双极技术及集成电路等核心制造技术。华微电子已建立从高端二极管、单双向可控硅、MOS 系列产品到第六代 IGBT 国内品类齐全、竞争力强的功率半导体器件产品体系，正逐步由单一器件供应商向整体解决方案供应商转变。

五、天津中环半导体股份有限公司

1. 企业简介

天津中环半导体股份有限公司（简称“中环股份”）成立于 1999 年，2007 年 4 月在深圳证券交易所上市，股票代码 002129。中环股份致力于半导体节能产业和新能源产业，是一家集科研、生产、经营、创投于一体的国有控股高新技术企业。目前旗下拥有 5 家高新技术企业、1 家国家火炬计划重点高新技术企业、4 个省部级研发中心、1 个博士后科研工作站。

中环股份的主营业务围绕硅材料展开，专注单晶硅的研发和生产，以单晶硅为起点和基础，朝着纵深化和延展化两个方向发展。纵向在半导体器件行业延伸，形成功率半导体器件产业；横向在新能源光伏产业领域扩展，形成中环股份的新能源产业。形成了独特的“半导体材料——节能型半导体器件”和“新能源光伏材料——高效光伏电站”双产业链商业模式。

2. 主要产品

中环股份主要产品包括半导体材料、半导体器件、新能源材料、新材料的制造及销售、融资租赁业务、高效光伏电站项目开发及运营，产品的应用领域包括消费类电子、集成电路、轨道交通、智能电网传输、新能源发电、新能源汽车、金融等产业。

3. 企业规模

2017 年，中环股份实现营业收入 964 418.75 万元，同比增长 42.17%，实现净利润 58 454.08 万元，同比增长 45.41%。中环股份 2016—2017 年财务数据见表 8。

表 8 中环股份 2016—2017 年财务数据

财务指标	2017 年	2016 年	同比（%）
营业收入（万元）	964 418.75	678 333.53	42.17
净利润（万元）	58 454.08	40 200.63	45.41

数据来源：公司年报，联盟整理

2017 年，中环股份太阳能硅片销量为 124 011.32 万片，同比增长 62.72%，产量为 124 832.84 万片，同比增长 70.28%，库存量为 2 385.51 万片，同比增长 52.53%，主要是由于中环股份新能源材料产业产能提升，同时进一步开拓市场，扩大销售规模；半导体硅片销量为24 890.3万平方英寸，较去年增长29.83%，产量为23 092.04万平方英寸，较去年增长29.90%，库存量为852.83万平方英寸，较去年下降67.83%，主要是中环股份不断优化产品结构，增加大尺寸半导体硅片产能，同时借助市场机遇，快速消化小尺寸半导体硅片库存，助力半导体产业升级。中环股份2016—2017年硅片产销情况见表9。

表9 中环股份2016—2017年硅片产销情况

行业分类	项　目	单　位	2017年	2016年	同比（%）
太阳能硅片	销售量	万片	124 011.32	76 213.76	62.72
	生产量	万片	124 832.84	73 310.69	70.28
	库存量	万片	2 385.51	1 563.99	52.53
半导体硅片	销售量	万平方英寸	24 890.3	19 170.75	29.83
	生产量	万平方英寸	23 092.04	17 777.35	29.90
	库存量	万平方英寸	852.83	2 651.09	-67.83

数据来源：公司年报，联盟整理

4. 主要优势

在半导体材料方面，中环股份的半导体区熔单晶生长、6～8英寸功率器件用区熔抛光片和化腐片达到国际领先水平，半导体微电子器件用直拉单晶生长、6～8英寸直拉抛光片和化腐片达到国内领先水平；在半导体器件方面，中环股份坚持持续的创新性研发和坚定地淘汰落后产能，特别是2015—2016年度通过集约创新、集成创新、联合创新使公司的半导体台面器件生产技术得到了重大突破。

中环股份主导产品电力电子器件用半导体区熔单晶——硅片综合实力全球第三，国外市场占有率超过18%，国内市场占有率超过80%；先后开发了具有自主知识产权的转换效率超过 24%的高效 N 型 DW 硅片，转换效率达到 26%、“零衰减”的 CFZ-DW（直拉区熔）硅片。单晶晶体晶片的综合实力、整体产销规模位列全球前列，高效 N 型硅片市场占有率全球第一。

六、华润微电子（重庆）有限公司

1. 企业简介

华润微电子（重庆）有限公司（简称“华润微电”）是一家集半导体芯片设计、制造与服务为一体的公司，总部设在重庆西永微电子工业开发园区，在上海设有研发中心，在重庆、上海和深圳设有销售中心，在西南、华北、华东及华南形成覆盖全国的销售网络。

2. 主要产品

华润微电以功率半导体器件、功率/模拟集成电路为产业基础，面向工业电子、消费电子、汽车电子和航空电子芯片市场。主要芯片设计/制造技术包括沟槽型/平面型 MOSFET，沟槽型/平面型肖特基等二极管，高可靠性的 Split Gate MOS、SuperJunction MOS、IGBT、IGBT Model、GaN 功率器件，0.35μm、0.18μm BCD/CMOS，高性能 MEMS 传感器。

华润微电产品主要应用于电机驱动、太阳能、电池管理、开关电源、电动工具、电子烟、充电桩、数字、模拟信号处理芯片、电源管理集成电路芯片、LCD/LED 驱动电路芯片、专用锂电池管理芯片、掌上电脑用 PMU、压敏、气敏、红外等领域。华润微电生产的 IGBT 产品规格明细及应用见表 10。IGBT 模块规格明细及应用见表 11。

表 10　华润微电生产的 IGBT 产品规格明细及应用

IGBT 名称	电压（V）	封　装
T20AC00V11AFS	1200	TO-3P
T20AC00V11AFFS	1200	TO-3P
T20AC00V11AFLS	1200	TO-3P
T25AC00V11DF	1200	TO-3P

资料来源：公司官网，联盟整理

表 11　华润微电生产的 IGBT 模块规格明细及应用

IGBT 模块型号	电压（V）	封　装
SKP040HF12TS	1200	半桥
SKP050HF12TS	1200	半桥
SKP100HF12TS	1200	半桥

资料来源：公司官网，联盟整理

3.　企业规模

华润微电拥有一座月产 4 万片 8 英寸硅片的芯片制造工厂，工艺制程能力最小生产线宽达到 0.15μm。

4.　主要优势

华润微电具备高可靠性和高性能的功率、模拟和数字混合信号、MEMS 传感器等技术开发和制造平台，并可提供高可靠性功率器件、高性能传感器、高可靠性功率模块等自主可控产品和方案。

第二节 模块企业

我国 IGBT 模块主要公司有西安中车永电电气有限公司、西安爱帕克电力电子有限公司、江苏宏微科技股份有限公司、南京银茂微电子制造有限公司、嘉兴斯达半导体有限公司、深圳比亚迪微电子有限公司等。中国 IGBT 模块主要公司及其产品见表 12。

表 12 中国 IGBT 模块主要公司及其产品

公 司	地 点	主要产品及服务
西安中车永电电气有限公司	西安	1200～6500V/75～2400A 高压模块，主要面向轨道交通，智能电网等高压应用
西安爱帕克电力电子有限公司	西安	600～1200V/50～400A 模块
江苏宏微科技股份有限公司	常州	600～1200V/15～60A 单管、500～1700V/15～800A 模块，应用于特种电源、电焊机、UPS、逆变器及变频器等
南京银茂微电子制造有限公司	南京	600～1700V/15～200A 模块，应用于工业变频器、新能源等
嘉兴斯达半导体有限公司	嘉兴	600～3300V/1800～3700A 模块
深圳比亚迪微电子有限公司	深圳	工业级 IGBT 模块、汽车级 IGBT 模块（新能源汽车用于上海先进合作）、600V IGBT 单管、IGBT 驱动芯片

资料来源：公开信息，联盟整理

一、西安中车永电电气有限公司

1. 企业简介

西安中车永电电气有限公司（简称“西安永电”）于2005年12月在西安经济技术开发区成立，由中车永济电机有限公司全资控股，专门从事电力电子产品的研发、生产、销售、服务。

2009年西安永电在西安建成高压大功率IGBT封装生产线，通过不断的实践、总结和创新，西安永电已基本掌握了高压大功率IGBT模块的设计、封装制造和测试技术，建立了较完整的IGBT模块设计、封装及测试平台。

2010年11月，国内第一只6500V IGBT模块在西安永电成功下线，标志着西安永电成为国内第一家、世界第四家拥有此项技术和产品的厂家。

2013年，西安永电举行3300V IGBT器件鉴定仪式，这是中国首度实现大功率IGBT芯片设计、芯片制造和IGBT器件封装，具有完全自主知识产权，是自主型IGBT的“中国芯”。3300V大功率IGBT在轨道交通等领域广泛应用，是高速动车组和大功率机车的核心关键部件。

2015年，中车永济电发布具有完全自主知识产权的6500V/200A高压大功率IGBT模块，该模块采用焊接形式，实现了国产IGBT芯片多片和FRD芯片并联，完成“中国芯”6500V/200A IGBT的一体化模块式封装设计，替代了国外同类产品在地铁和铁路机车变流器中的使用。

2. 主要产品

西安永电主要产品有IGBT模块、IPM模块、整流管、晶闸管、组合元件等电力半导体器件；变流器、功率模块、城轨地面整流装置、地铁单向导通装置、充电机等装置。产品主要应用于高速铁路、风力发电、冶金工业、城市轨道交通、太阳能光伏发电等领域。

目前西安永电已研制生产50余种IGBT产品，产品电流范围为50～

3600A、电压范围为 600～6500V，产品的外形尺寸和电极接口与国际同类产品一致，产品各项性能指标达到国际同类产品水平，可以替代进口产品。

西安永电可提供电压范围 1700～6500V，且封装为 190mm×140mm、130mm×140mm、140mm×70mm 标准工业封装的高功率 IGBT 模块。这系列模块可完美适用于对可靠性要求甚高的轨道交通变流器领域，如高速动车组、电力机车、有轨电车等。西安永电轨道交通用 IGBT 规格型号见表 13。

表 13 西安永电轨道交通用 IGBT 规格型号

序 号	产品型号	电压（V）	电流（A）	绝缘电压（kV）
1	YMIF800-17	1700	800	4
2	YMIBD800-17	1700	2×800	4
3	YMIF1200-17	1700	1200	4
4	YMIF2400-17	1700	2400	4
5	YMIF3600-17	1700	3600	4
6	YMIF400-33	3300	400	6
7	YMIBC400-33	3300	400	6
8	YMIF800-33	3300	800	6
9	YMIBC800-33	3300	800	6
10	YMIF1200-33	3300	1200	6
11	YMIF500-33	3300	500	6
12	YMIBD500-33	3300	2×500	6
13	YMIF1000-33	3300	1000	6
14	YMIBC1000-33	3300	1000	6
15	YMIF1500-33	3300	1500	6

（续表）

序　号	产品型号	电压（V）	电流（A）	绝缘电压（kV）
16	YMIF650-45	4500	650	10.2
17	YMIF900-45	4500	900	10.2
18	YMIF1200-45	4500	1200	10.2
19	YMIF200-65	6500	200	10.2
20	YMIF600-65	6500	600	10.2
21	YMIF750-65	3300	800	10.2

资料来源：公司官网，联盟整理

YMIF600-65 作为西安永电典型产品之一，采用 SPT+技术芯片、损耗超低，开关平顺、EMC 效果好，加强绝缘封装、高爬电距离与绝缘间隙，低 VCEsat，栅极电荷小、驱动功率要求低，更宽的 RBSOA 范围，AlSiC 底板提供更高的热循环能力。主要应用于 HXD2B 六轴电力机车以及 CRH5 动车组，目前累计装车数量已超过 20 000 只。

3. 企业规模

西安永电注册资本 14 282 万元，现有员工 600 余人，其中研发人员 100 余人，年销售收入达到 10 亿元。①

4. 主要优势

西安永电 IGBT 模块、1.5MW 风电变频器产品已通过了陕西省新产品新技术鉴定，西安永电研制的 6500V/600A、3300V/1200A、1700V/1200A 三种产品在 2011 年通过了陕西省工业和信息化厅组织的新产品新技术鉴定，三种产品技术参数整体达到国际先进水平，其中 6500V/600A 产品指标达到国内

① 相关数据来源于西安永电官网。

领先水平。

二、西安爱帕克电力电子有限公司

1. 企业简介

西安爱帕克电力电子有限公司（简称“西安爱帕克”）成立于 1995 年 12 月，是由具有悠久历史的世界上著名的专业功率半导体公司“美国国际整流器公司（IR）”与中国电力电子行业的先驱和开拓者“西安电力电子技术研究所（PERI）”共同投资兴建的专业封装大功率半导体模块的中美合资企业，是中国第一个专门研发和生产 IGBT 模块的合资公司。

2. 主要产品

西安爱帕克的产品主要有 IGBT 模块、快恢复二极管模块、晶闸管模块、整流二极管模块。西安爱帕克具有较强的技术开发能力，可根据市场需求和客户需要开发专用大功率模块。西安爱帕克产品广泛应用于逆变焊机、感应加热、电机控制、大功率 UPS 以及其他各种大功率电源。

3. 主要优势

西安爱帕克完全同步采用美国 IR 公司的封装技术，芯片由美国 IR 公司提供，主要生产设备和测试设备以及关键原材料从美国、日本、德国和意大利进口，众多工程技术人员和管理人员在美国 IR 公司总部和墨西哥封装厂进行了技术、生产、质量和管理的培训。

三、江苏宏微科技股份有限公司

1. 企业简介

江苏宏微科技股份有限公司（简称“宏微科技”）成立于 2006 年，是“新三板”上市企业，股票代码 831872。宏微科技主要从事新型功率半导体芯片、分立器件和模块的设计、研发、生产和销售，并为客户提供功率半导体器件及系统的解决方案。宏微科技已初步形成“芯片-模块/分立器件-整机”产业链，开发了芯片产品 100 余种、模块/分立器件产品 400 余种、电源产品 20 余种，广泛应用于工业、医学、交通、照明、新能源、智能电网、互联网等领域。

2. 主要产品

宏微科技的主要产品为芯片、分立器件、模块和动态节能照明电源，涵盖 IGBT、FRED、MOSFET 三大系列。宏微科技生产的 IGBT 产品规格及应用见表 14。

表 14　宏微科技 IGBT 规格及应用

产品类型	产品规格	产品特点	用途	应用领域
分立器件	600～1500V 2～60A	开关速度快，饱和压降低，短路承受能力强，软关断特性	高频电子开关	UPS、变频器、电焊机、感应加热、电镀电源、光伏逆变器、风电变流器、电动汽车等
模块	600～1700V 15～1200A			

资料来源：公司招股说明书，联盟整理

3. 企业规模

2017 年，宏微科技营业收入 20 564.36 万元，比去年同期增长 6.92%；实现净利润 1 358.72 万元，比去年同期增长 17.20%。宏微科技 2016—2017 年财务数据见表 15。

表 15　宏微科技 2016—2017 年财务数据

财务指标	2017 年	2016 年	同比（%）
营业收入（万元）	20 564.36	19 233.05	6.92
净利润（万元）	1 358.72	1 159.30	17.20

数据来源：公司年报，联盟整理

2017 年，宏微科技模块营业收入为 12 394.73 万元，占总营业收入的60.27%。宏微科技分类收入见表 16。

表 16 宏微科技分类收入

类别/项目	2017 年收入（万元）	占营业收入比例（%）
模块	12 394.73	60.27
电源模组	3 796.04	18.46
分立器件	2 113.78	10.28
芯片	1 969.45	9.58

数据来源：公司年报，联盟整理

4. 主要优势

宏微科技是由一批长期在国内外从事电力电子产品研发和生产，具有多种专项技术的科技专家组建的重点高新技术企业，是国家高技术产业化示范工程基地，国家 IGBT 和 FRED 标准起草单位，拥有江苏省企业院士工作站、江苏省博士后创新基地、江苏省新型高频电力半导体器件工程技术研究中心等。

四、南京银茂微电子制造有限公司

1. 企业简介

南京银茂微电子制造有限公司（简称“南京银茂”）是江苏银茂（控股）集团有限公司控股的一家高新技术企业，于 2007 年 11 月 29 日在江苏省南京市注册成立。拥有占地约 8 万平方米的生产厂区，位于溧水经济开发区，目前已投入资金近 1 亿元人民币，建有逾 2 万平方米的生产厂间及办公楼、研发楼、生活区，配置了世界上最先进的工艺制造、产品测试和可靠性测试设备，为目前国内规模最大的电力电子功率模块生产基地之一。

2. 主要产品

南京银茂以研发、制造和销售拥有自主知识产权的新型电力电子模块（国产 IGBT 功率模块、MOSFET 功率模块）、全气密半气密高可靠性混合电路电子器件、大规模变流技术核心组件为主营业务。南京银茂产品可广泛用于功率范围 0.5kW～5MW 及其以上的工业变频、新能源、电源装备、公共交通等不同领域。南京银茂生产的 IGBT 模块规格型号见表 17。

表 17　南京银茂 IGBT 模块规格型号

IGBT 模块型号	电压（V）	封　装
GTR600HF65A4H	650	A4
GTR600HF65T9H	650	T9
GT50TL60B2H	600	B2
GK30PI60B3H	600	B3
GK100FF60T6H	600	T6
GK75HH60T2H	600	T2
GK75TB60B2H	600	B2
GK300HF60A5H	600	A5

资料来源：公司官网，联盟整理

3. 企业规模

南京银茂具备年产通用功率模块 65 万件、年产高压大功率模块 10 万件以上的生产能力。

4. 主要优势

南京银茂配置了世界上最先进的工艺制造、产品测试和可靠性测试设备，为目前国内规模最大的电力电子功率模块生产基地之一。

五、嘉兴斯达半导体有限公司

1. 企业简介

嘉兴斯达半导体股份有限公司（简称“嘉兴斯达”）成立于2005年4月，是一家以归国留学生为主要技术骨干，专业从事功率半导体元器件尤其是IGBT模块研发、生产和销售服务的国家级高新技术企业。嘉兴斯达在浙江、上海和欧洲均设有子公司。

2. 主要产品

嘉兴斯达主要产品有IGBT、MOSFET、IPM、FRD等，主营产品为IGBT模块，其电压覆盖范围为600～3300V，电流覆盖范围为1800～3700A。

3. 企业规模

嘉兴斯达是目前国内最大的IGBT模块生产厂家。

4. 主要优势

嘉兴斯达是国内最早做IGBT的企业，在国际拥有很多合作客户，特别是在新能源汽车电驱动控制模块应用上，拥有领先的技术和成熟的方案。

第三节 设计企业

我国从事IGBT产品设计的主要公司有江苏中科君芯科技有限公司、西安芯派电子科技有限公司、无锡紫光微电子有限公司、宁波达新半导体有限公司、科达半导体有限公司等。公司名称及其主要产品见表18。

表 18　中国 IGBT 设计主要公司及主要产品

公　司	地　点	主要产品及服务
江苏中科君芯科技有限公司	无锡	国内唯一全面掌握 650～6500V 全电压段 IGBT 芯片技术的企业，应用于电磁感应加热、变频家电、逆变焊机、工业变频器、新能源等领域
西安芯派电子科技有限公司	西安	650～1700V/80～600A IGBT 芯片，应用于电源管理、电池管理、电机控制及充电桩等领域
无锡紫光微电子有限公司	无锡	600V/1200V/1350V IGBT，应用于交直流驱动、UPS、电磁炉、通用逆变器、开关和共振式电源等领域
宁波达新半导体有限公司	余姚	IGBT 单管、模块，应用于逆变焊机、工业变频、白色家电、充电桩、UPS 电源、光伏逆变器、空调、电磁感应加热等领域
科达半导体有限公司	东营	600V/1200V 单管、模块，应用于电磁炉、小功率变频器、逆变焊机、无刷马达控制器、UPS、开关电源、液晶电视及显示器等领域

资料来源：公开信息，联盟整理

一、江苏中科君芯科技有限公司

1. 企业简介

江苏中科君芯科技有限公司（简称“中科君芯”）是一家专注于 IGBT、FRD 等新型电力电子芯片研发的中外合资高科技企业。中科君芯成立于 2011 年底，依托中国科学院的科研团队和研发平台，结合海内外的技术精英以及专业的市场管理团队共同组建而成。中科君芯一直致力于 IGBT 技术的自主创新和引领，为客户提供极具优良品质的产品、技术服务以及整体解决方案。中科君芯分别于 2014 年和 2016 年获得国际、国内知名专业投资机构的青睐，完成 A 轮和 Pre-B 轮的融资。

2. 主要产品

中科君芯推出的 IGBT 芯片、单管和模块产品从 600V 至 6500V，覆盖了目前主要电压段及电流段，已批量应用于感应加热、逆变焊机、工业变频、新能源等领域。中科君芯 IGBT 芯片规格见表 19。

表 19 中科君芯 IGBT 芯片规格

IGBT 芯片型号	电压（V）	应　用
KWGC15N60F	600	变频、感应加热、焊机等
KWGC60N65S	650	
KWGC15N120S1E1	1200	
KWGC15N120NS3	1200	
KWGC25N120S1E1	1200	
KWGC25N120NS3	1200	
KWGC40N120S1E1	1200	
KWGC40N120NS3	1200	
KWGC25N170F	1700	
KWGC25N170F1	1700	
KWGC25N170F2	1700	
KWGC100N65S	650	
KWGC100N12S1	1200	
KWGC100N12S3	1200	
KWGC50N17F1	1700	
KWGC100N17S	1700	
KWGC54N250S	2500	
KWGC62N330S	3300	
KWGC40N450S	4500	
KWGC25N650S	6500	

资料来源：公司官网，联盟整理

3. 主要优势

中科君芯是国内率先开发出沟槽栅场截止型（Trench FS）技术并真正实现量产的企业，其独创的DCS技术将应用于最新的汽车级IGBT芯片中。

二、西安芯派电子科技有限公司

1. 企业简介

西安芯派电子科技有限公司（简称“芯派科技”）于2008年在西安高新技术产业开发区注册成立，是一家专业从事中大功率场效应管（MOSFET，自高压至低压全系列产品）、特殊用途整流器（含快速恢复二极管及肖特基二极管）、桥堆以及电源管理IC开发设计，集研发、生产和销售为一体的高新技术企业。

2. 主要产品

芯派科技拥有的自主品牌SAMWIN系列产品已在手持装置（手机、平板、电子书）充电器、UPS电源系统、笔记本及台式计算机与服务器及云端主机电源系统、汽车逆变电源系统、充电桩用电源系统、HID汽车照明系统、LED照明系统、手持电动工具、网通产品（机顶盒）、太阳能逆变电源系统、医疗器材等多个领域得到广泛应用。

3. 主要优势

芯派科技是第一家将国际级MOSFET技术引介到中国的企业，于2003年和来自Fairchild（美国仙童公司）研发团队合作，自主研发出隶属于中国自主技术的第一颗MOSFET器件。

三、无锡紫光微电子有限公司

1. 企业简介

无锡紫光微电子有限公司（简称“无锡紫光微”）是由北京同方微电子

有限公司投资的一家高新技术企业，是一家专注于先进半导体功率器件和集成电路的设计研发、芯片加工、封装测试及产品销售的集成电路设计企业。

2. 主要产品

无锡紫光微有 MOSFET、DT MOSFET、Trench MOSFET、平面 VDMOS、IGBT、IGTO 等先进半导体功率系列产品，广泛应用于节能、绿色照明、风力发电、智能电网、混合动力/电动汽车、仪器仪表、消费电子等领域。无锡紫光微 IGBT 芯片规格及应用见表 20。

表 20 无锡紫光微 IGBT 芯片规格及应用

IGBT 芯片型号	电压（V）	电流（A）	技 术	封 装	应 用
TGW40N60A	600	40	Ternch FS	TO-247	交流/直流驱动、不间断电源、电磁炉、通用逆变器、开关和共振模式电源供给等
TGV40N60A	600	40	Trench FS	TO-3PN	
TGW40N120A	1200	40	Trench FS	TO-247	
TGL40N120A	1200	40	Trench FS	TO-264	

资料来源：公司官网，联盟整理

3. 企业规模

2017 年，无锡紫光微营业收入为 6 780.02 万元，同比增长 46.87%，实现净利润 394.18 万元。无锡紫光微 2016—2017 年财务数据见表 21。

表 21 无锡紫光微 2016—2017 年财务数据

财务指标	2017 年	2016 年	同比（%）
营业收入（万元）	6 780.02	4 616.39	46.87
净利润（万元）	394.18	−739.66	—

数据来源：紫光国微公告，联盟整理

4. 主要优势

无锡紫光微以IGBT实际应用为设计基础，使用先进的NPT（非穿通型）和沟槽型FS（场终止型）IGBT技术，为大功率应用客户提供优质可靠的系统解决方案。

四、宁波达新半导体有限公司

1. 企业简介

宁波达新半导体有限公司（简称“宁波达新”）成立于2013年，是以海归博士为主创立的一家中外合资的高科技公司，宁波达新主要从事IGBT、MOSFET、FRD等功率半导体芯片与器件的设计、制造和销售，并提供相关的应用解决方案。宁波达新拥有芯片设计中心和IGBT模块生产线，已初步形成从芯片设计、芯片测试、模块封装，到应用评估的IGBT产业链。宁波达新在市场已推出了30余种600～1200V IGBT芯片、50种以上单管和模块产品，其IGBT模块均采用自主的芯片，相对国外模块产品具有很大的成本优势和芯片应用定制化优势，其IGBT产品可应用于逆变焊机、变频器、感应加热、大功率电源、UPS、新能源汽车、太阳能/风力发电、SVG等领域。

2. 主要产品

宁波达新IGBT产品有IGBT芯片、IGBT单管和IGBT模块三大系列。其中有30余种600～1200V、10～200A的IGBT芯片产品，有多种650V、10～75A和1200V、10～40A单管产品，IGBT模块电压等级涵盖600～1200V，电流等级涵盖10～800A，2～7单元多种模块产品等。宁波达新IGBT主要产品系列见表22。

表 22　宁波达新 IGBT 主要产品系列

产　品	电压（V）	电流（A）	封装形式	应用市场
IGBT 芯片	600～1200	10～200	——	逆变焊机、变频器、感应加热、大功率电源、UPS、新能源汽车、太阳能/风力发电、SVG
IGBT 单管	650～1200	10～75	TO247/TO3P	
IGBT 模块	600～1200	10～800	2～7 单元多种模块	

资料来源：宁波达新，联盟整理

3. 主要优势

宁波达新团队拥有丰富、扎实的 IGBT 芯片开发经验和能力，是国内第一家开发出国产 IGBT 芯片并实现产业化和市场化销售的团队。宁波达新在 6 英寸和 8 英寸晶圆代工基础上，针对国内不同的应用和可靠性要求，开发出了 600～3300V 的 6 英寸和 8 英寸晶圆，推出了平面型和沟槽型、NPT 和 FS 等多类型 IGBT 芯片技术，在国产 IGBT 芯片市场应用上实现了突破。宁波达新模块均采用自主研发的 IGBT 芯片，IGBT 晶圆也率先采用国产的 FZ 硅材料，实现了国产 IGBT 产品从硅材料、芯片到模块的完整产业链。

五、科达半导体有限公司

1. 企业简介

科达半导体有限公司（简称“科达半导体”）是由科达集团（股票代码：600986）投资成立的高新技术企业，注册时间 2007 年 10 月，主要从事 IGBT、FRD、MOSFET 等新型功率半导体器件的设计、生产和销售。科达半导体在深圳、上海、浙江、成都、香港等地区均设有销售中心。

科达半导体拥有省级设计中心、省级功率半导体工程中心，并配有功能齐全的性能测试实验室和可靠性实验室。科达半导体产品广泛应用于电磁炉、小功率变频器、逆变焊机、无刷马达控制器、UPS、开关电源、液晶电视及显示器、太阳能应用等领域。

2. 主要产品

科达半导体主要产品有 IGBT、FRD、MOSFET 等新型功率半导体器件。科达半导体 IGBT 产品规格见表 23。

表 23　科达半导体 IGBT 产品规格

产品类型	型　号	电压（V）	封　装
单管	KDG15N120H	1200	TO-247
	KDG15N120H2/A2	1200	TO-247/3P
	KDG20N120H2/A2	1200	TO-247/3P
	KDG30N120H2	1200	TO-247
	KDG40N120H2	1200	TO-247
	KDG15N120HN	1200	TO-247
	KDG20N120HN	1200	TO-247
	KDG25N120H1/A1	1200	TO-247/3P
	KDG40N120W	1200	TO-247
	KDG40N120G	1200	TO-264
	KDG15N60K	600	TO-263
	KDG15N60F	600	TO-220F
	KDG25N60H	600	TO-247
	KDG40N60H	600	TO-247
	KDG50N60H	600	TO-247
模块	KDG15S12KT4	1200	EasyPIM1B
	KDG10R12KE3	1200	EconoPIM2
	KDG15R12KE3	1200	EconoPIM2
	KDG25R12KE3	1200	EconoPIM2
	KDG40R12KT3	1200	EconoPIM2

资料来源：公司官网，联盟整理

3. 主要优势

科达半导体是国内第一家拥有自主知识产权的 IGBT、FRD 芯片制造企业。科达半导体拥有国内一流的设计研发团队，所设计研发的 IGBT 及 FRD 产品填补了国内相应产品的空白。

第四节 制造企业

我国 IGBT 产品主要制造公司有中芯国际集成电路制造（上海）有限公司、华润上华科技有限公司、深圳方正微电子有限公司、上海先进半导体制造股份有限公司、上海华虹宏力半导体制造有限公司等。中国 IGBT 产品主要制造公司及其产品见表 24。

表 24 中国 IGBT 主要制造公司及其产品

公 司	地 点	主要产品及服务
中芯国际集成电路制造（上海）有限公司	上海	代工厂
华润上华科技有限公司	无锡	1200V planar NPT IGBT 工艺
深圳方正微电子有限公司	深圳	提供功率分立器件 IGBT 晶圆制造技术
上海先进半导体制造股份有限公司	上海	为英飞凌代工
上海华虹宏力半导体制造有限公司	上海	拥有 600～1200V Trench FS 及 1700V Trench NPT 工艺；3300～6500V 高压芯片正在研发

资料来源：公开信息，联盟整理

一、中芯国际集成电路制造（上海）有限公司

1. 企业简介

中芯国际集成电路制造有限公司（纽交所代码：SMI，港交所股份代码：981），是世界领先的集成电路晶圆代工企业之一，也是中国内地规模最大、技术最先进的集成电路晶圆代工企业，提供 0.35μm～28nm 不同技术节点的晶圆代工与技术服务。中芯国际总部位于上海，拥有全球化的制造和服务基地。在上海建有一座 300mm 晶圆厂和一座 200mm 晶圆厂；在北京建有一座 300mm 晶圆厂，控股一座 300mm 先进制程晶圆厂；在天津和深圳各建有一座 200mm 晶圆厂；在江阴控股一座 300mm 凸块加工合资厂；在意大利控股一座 200mm 晶圆厂。此外，中芯国际还在美国、欧洲、日本和中国台湾地区设立行销办事处、提供客户服务，同时在香港设立了代表处。

2. 主要产品

中芯国际（上海）主要提供 0.35μm～28nm 不同技术节点的晶圆代工与技术服务。

3. 企业规模

中芯国际（上海）依靠快速推进先进制程技术，迅速扩大产能规模，赢得先进制程高附加值的先机。同时抓住国内芯片设计业蓬勃发展的代工需求，扩展国内代工业务。2015 年销售收入达 73.96 亿元，同比增长 8%。

二、华润上华科技有限公司

1. 企业简介

华润上华科技有限公司（简称“华润上华”）隶属于华润集团旗下负责半导体业务的高科技公司——华润微电子有限公司。华润上华及其附属公司

于 1997 年在国内开创开放式晶圆代工经营模式的先河，为客户提供集成电路制造服务。华润上华总部和生产线设于无锡，在上海、香港和台湾均设有办事处。

华润上华与诸多国内及国际集成电路设计公司建立了稳固的关系。在国内，数百家集成电路设计公司和中国前十大设计公司中的多家均为华润上华的客户；在海外，华润上华与国际集成电路设计公司和国际集成器件生产商建立了良好的合作关系。

2. 主要产品

华润上华为客户提供广泛的晶圆制造技术，包括 BCD、Mixed-Signal、HV CMOS、RFCMOS、Embedded-NVM、BiCMOS、Logic、MOSFET、IGBT、SOI、MEMS、Bipolar 等标准工艺及一系列客制化工艺平台。

3. 企业规模

华润上华是国内最大的 6 英寸代工企业，月产能逾 11 万片。8 英寸生产线目前月产能已达 6 万片。

4. 主要优势

华润上华拥有国内最大的 6 英寸代工线和一条 8 英寸代工线，华润上华的 6 英寸生产线是国内首家开放式晶圆代工厂。

三、深圳方正微电子有限公司

1. 企业简介

深圳方正微电子有限公司（简称“方正微电子”）成立于 2003 年 12 月，由北大方正集团联合其他投资者共同创办。方正微电子致力于推动电源管理芯片和新型电力电子器件产业化，立足自主研发，并积极与国内外知名企业、高校及科研院所就技术开发与展开合作，迅速提升功率半导体制造技术能力。2012 年，与电子科技大学陈星弼院士合作建立“方正微电子功率器件和功率集成电路院士工作站”，奠定了方正微电子在电力电子领域的技术领先地位。

2. 主要产品

方正微电子秉持晶圆代工经营模式，专注于为客户提供功率分立器件（如 DMOS、IGBT、SBD 和 FRD）和功率集成电路（如 BiCMOS、BCD 和 HV CMOS）等领域的晶圆制造技术。

3. 企业规模

方正微电子拥有两条 6 英寸晶圆生产线，月产能达 6 万片，产能规模居国内 6 英寸线前列，0.5μm/6 英寸工艺批量生产能力跃居国内行业第二，未来月产能规划将达 8 万片。

4. 主要优势

方正微电子在功率器件及功率模拟工艺技术方面具有绝对的性价比优势，新近推出的 1.0μm 800V CDMOS 及 1.0μm 700V BCD 工艺解决方案为绿色电源和半导体显示领域的产品开发提供了更加有力的支持。

四、上海先进半导体制造股份有限公司

1. 企业简介

上海先进半导体制造股份有限公司（简称“先进半导体”），港交所股票代码为 03355，于 1988 年由中荷合资成立，最初为上海飞利浦半导体公司，1995 年易名为上海先进半导体制造有限公司，2004 年改制为上海先进半导体制造股份有限公司。

先进半导体是一家大规模集成电路芯片制造公司。目前，先进半导体有 5 英寸、6 英寸、8 英寸晶圆生产线和 MEMS 独立生产线各一条，专注于模

拟电路、功率器件和 MEMS 芯片的制造，8 英寸等值晶圆年产能 60 万片，被上海市认定为“高新技术企业”。同时，先进半导体通过了 ISO 9001、VDA6.3（Grade A）、ISO/TS 16949、ISO 14001、ISO/IEC 27001 等质量、环境及信息安全管理体系认证，是国内最早从事汽车电子芯片、IGBT 芯片和 MEMS 芯片制造企业。

2. 主要产品

先进半导体的客户来自于全球领先的集成器件制造商及无生产线的半导体公司，先进半导体制造的产品广泛应用于智能身份证、汽车电子、电源管理、通讯及电子消费品等领域。先进半导体通过建立建设战略产业联盟合作，其产品已融入高铁、新能源汽车、智能电网、节能等国家战略产业。先进半导体 IGBT 技术及应用见表 25。

表 25 先进半导体 IGBT 技术及应用

电 压	技 术	应 用
650V	Trench F/S	新能源汽车、家电、工业变频
1200V	Planar NPT、Planar F/S、Trench NPT、Trench F/S	光伏、电磁炉、电焊机、工业变频、新能源汽车
1700V	Trench NPT、Trench F/S	风电
3300V	Planar NPT、Planar F/S	动车、高铁、智能电网
6500V	Planar F/S	工业电机、高铁、动车、智能电网

资料来源：公司官网，联盟整理

3. 企业规模

2017 年，先进半导体实现营业收入 101 329.60 万元，和 2016 年相比增长 27.28%，实现净利润 5 697.30 万元，同比增长 75.79%。先进半导体 2016—2017

年财务数据见表 26。

表 26　先进半导体 2016—2017 年财务数据

财务指标	2017 年	2016 年	同比（%）
营业收入（万元）	101 329.60	79 613.70	27.28
净利润（万元）	5 697.30	3 241.00	75.79

数据来源：公司年报，联盟整理

4. 主要优势

先进半导体作为国际汽车市场“A 级资质供应商”，在汽车电子领域的半导体行业中颇占优势，出货的客户包括比亚迪、中国中车等公司。

五、上海华虹宏力半导体制造有限公司

1. 企业简介

上海华虹宏力半导体制造有限公司（简称“华虹宏力”）是华虹半导体有限公司（港交所股份代码：01347）的全资子公司，由原上海华虹 NEC 电子有限公司和上海宏力半导体制造有限公司新设合并而成，是世界领先的 8 英寸晶圆代工厂。华虹宏力总部位于中国上海，在台湾地区地区、日本、北美和欧洲等地均提供销售与技术支持。

华虹宏力于 2010 年突破了深沟槽刻蚀填充工艺的世界级难题，推出了独特的、富有竞争力的 DT-SJ 工艺平台，令华虹宏力成为业界首家提供超级结工艺平台的晶圆代工公司。经过多年的发展，华虹宏力在 DT-SJ 技术领域积累了丰富的研发和生产经验，相继推出了第一代、第二代工艺平台，并紧跟业界超级结产品的发展，持续进行平台的创新升级。华虹宏力最新研发的第三代 DT-SJ 技术平台不仅保持了前几代工艺流程紧凑的特点，而且还开发出

了沟槽栅的新型结构，可为客户提供导通电阻更低、芯片面积更小、开关速度更快和开关损耗更低的产品解决方案。

2. 主要产品

华虹宏力主要专注于开发和制造专业应用的 8in 晶圆半导体，尤其是嵌入式非易失性存储器及功率器件。

3. 企业规模

华虹宏力现已运营 8in 晶圆厂三座，洁净室面积达 3.4 万平方米，厂区面积约 30 万平方米，具备充足的发展空间，其中 Fab1 和 Fab2 产能合计达 90 000 片/月，Fab3 产能达 50 000 片/月，产能规模位居国内 8in IC 制造行业首位，工艺能力已达 90nm。

华虹宏力 2017 年销售收入为 8.08 亿美元，同比增长 12.0%。2017 年，月产能由 15.5 万片增至 16.8 万片，晶圆出货 186.9 万片，较 2016 年的 178.7 万片增长 4.59%，产能利用率达 98.1%，较 2016 年的 97.6%，增长了 0.5 个百分点。①

4. 主要优势

华虹宏力工艺技术覆盖 1μm～90nm 各节点，在标准逻辑、嵌入式非易失性存储器、混合信号、射频、高压、图像传感器、电源管理、功率器件工艺等领域形成了具有竞争力的先进工艺平台，并正在建立微机电系统（MEMS）工艺平台。

① 相关数据来源于华虹半导体年报。

后　记

本书与2017年出版的《工业强基——中国制造大系统之成功砝码》同属《工业强基》系列丛书。伴随着工业强基工作的不断推进，2017年工业和信息化部开展了包括IGBT器件在内的四个“一条龙”应用示范工作，中国企业联合会承接了IGBT器件“一条龙”，并为此做了一系列工作。为唤起更多社会力量，扩大IGBT影响力，推进产业链协作，为跨产业协同提供参考，中国企业联合会、全国工业和信息化科技成果转化联盟编著本书。

本书的编写得到了诸多专家和企业家朋友们的支持与帮助，同时也得益于编委会同仁的辛勤奉献，在此一并表示衷心感谢！由于时间有限、水平有限，本书难免有欠妥和疏漏之处，恳请广大读者见谅并提出宝贵意见和建议。

IGBT器件是我国工业强基工程“十六条龙”之一，它对于产业的重要性不言而喻，但是它只是“四基”——核心基础零部件（元器件）、关键基础材料、先进基础工艺和产业技术基础的一份子，也是我们以应用为牵引，继而推动产业发展的切入点，它仅仅是一个开始，本书的出版亦不是终结。

未来我们也将继续推动“四基”和“一条龙”应用计划，2018年我们还将深入开展存储器等相关“一条龙”工作，十分期望有更多行业企业、专业人士、有志之士继续给予我们支持，共同搭建官产学研合作交流平台，为“四基”提升、为将我国早日建成制造强国贡献力量。

编委会

2018年5月